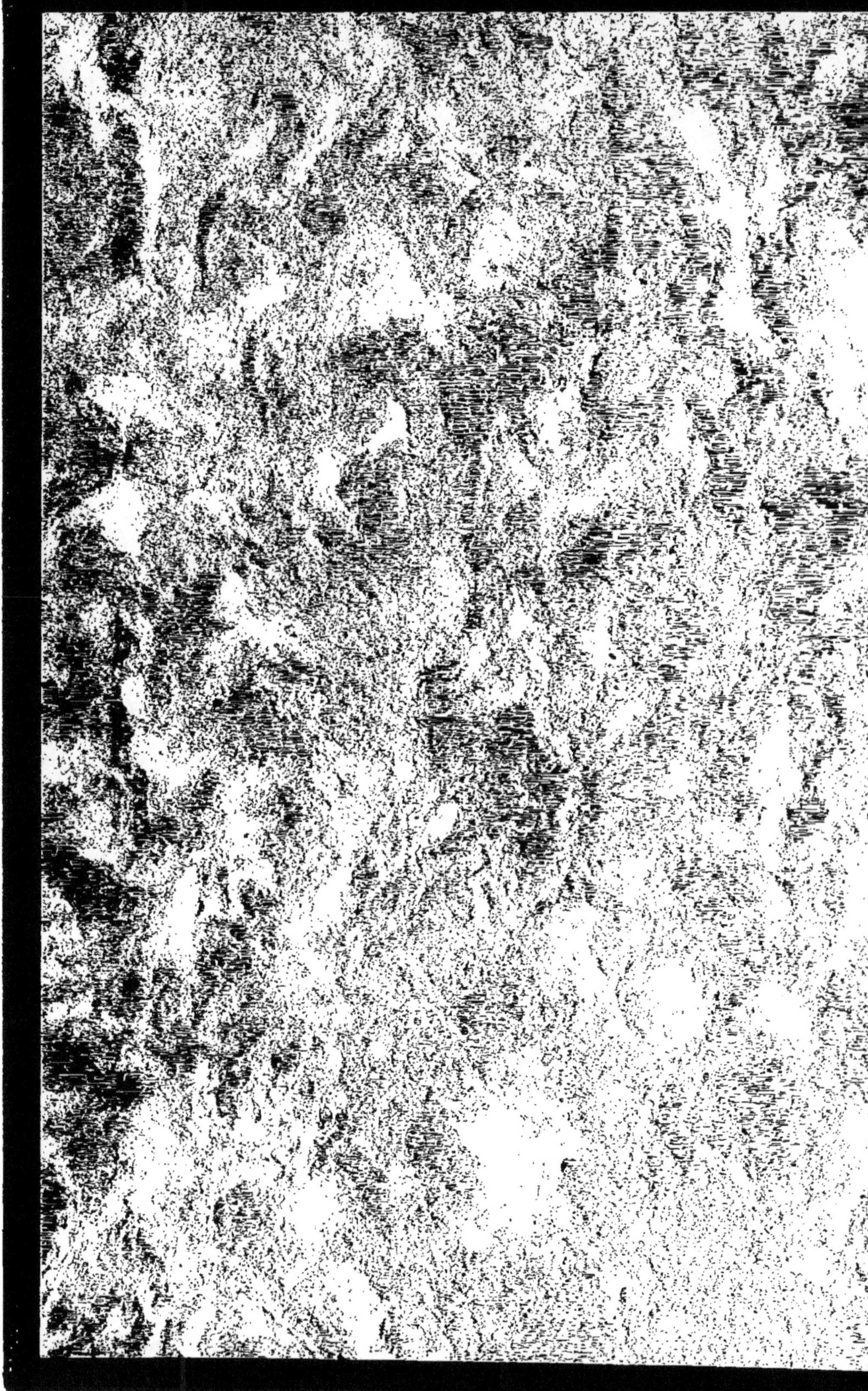

Mémoires patriotiques.

Journal de marche
du Sergent Fricasse

PRIX : CINQ francs.

JOURNAL DE MARCHE

DU

SERGENT FRICASSE

DE LA 127e DEMI-BRIGADE

JOURNAL DE MARCHE

DU

SERGENT FRICASSE

DE LA 127e DEMI-BRIGADE

1792-1802

Avec les uniformes
des armées de Sambre-et-Meuse et Rhin-et-Moselle,
fac-similés dessinés par P. Sellier
d'après les gravures allemandes du temps

PUBLIÉ POUR LA PREMIÈRE FOIS PAR LORÉDAN LARCHEY,
D'APRÈS LE MANUSCRIT ORIGINAL

PARIS
AUX FRAIS DE L'ÉDITEUR

1882

Authenticité de ce journal, ses enseignements et sa valeur morale. — Les armées de la République glorifiées par un maréchal du premier empire. — Pourquoi nous devons souhaiter la renaissance de leur esprit militaire.

Fricasse!...

Comique est le nom, mais sérieuse est l'œuvre, car elle se recommande par une sincérité rare. Et la sincérité est beaucoup à cette époque tourmentée de la première République où chaque écrivain se passionne en prenant parti pour ou contre l'ère nouvelle. Éloge enthousiaste ou réquisitoire indigné, il n'y a guère de milieu.

Le document, publié ici pour la première fois, présente du moins le mérite de ne connaître d'autre guerre que celle de l'extérieur, d'autres ennemis que ceux de la patrie. Il est authentique, et je tiens à la disposition des curieux son manuscrit original, qui est du temps, et qui me fut libéralement donné

*

AUTHENTICITÉ DE CE JOURNAL, SES ENSEIGNEMENTS ET SA VALEUR MORALE. — LES ARMÉES DE LA RÉPUBLIQUE GLORIFIÉES PAR UN MARÉCHAL DU PREMIER EMPIRE. — POURQUOI NOUS DEVONS SOUHAITER LA RENAISSANCE DE LEUR ESPRIT MILITAIRE.

Fricasse !...

Comique est le nom, mais sérieuse est l'œuvre, car elle se recommande par une sincérité rare. Et la sincérité est beaucoup à cette époque tourmentée de la première République où chaque écrivain se passionne en prenant parti pour ou contre l'ère nouvelle. Éloge enthousiaste ou réquisitoire indigné, il n'y a guère de milieu.

Le document, publié ici pour la première fois, présente du moins le mérite de ne connaître d'autre guerre que celle de l'extérieur, d'autres ennemis que ceux de la patrie. Il est authentique, et je tiens à la disposition des curieux son manuscrit original, qui est du temps, et qui me fut libéralement donné

*

par mon ami Jules de Forge, de Vesoul. C'est bien un journal de marche; chaque étape s'y trouve notée à son jour; chaque fait de guerre paraît à son heure.

En un temps où l'avancement était si rapide, il ne fut pas de plus humble carrière que celle de notre héros, et c'est précisément ce qui m'a intéressé dans une œuvre que ne recommande, il faut le dire, aucune séduction littéraire; elle est simple comme le carnet d'un soldat-citoyen qui remplit son devoir complètement et modestement. De 1792 à 1802, il fait campagne chaque année : avec l'armée de Sambre-et-Meuse, il protège nos places du Nord et fait son entrée à Bruxelles; avec l'armée de Rhin-et-Moselle, il pousse jusqu'à Munich et accomplit cette retraite devenue fameuse sous le nom de *retraite de Moreau*; avec l'armée d'Italie, il résiste dans Gênes jusqu'à la dernière extrémité. Resté le neuvième d'une compagnie de cent dix hommes détruite par la guerre, réduit par une blessure à regagner son village, il n'a ni un mot de plainte, ni un mouvement d'humeur ou d'ambition déçue. Il reste fier d'avoir servi son pays avec honneur et avec probité. J'insiste sur ce dernier mot, parce que plusieurs pages de son journal témoignent des plus nobles sentiments (1). La partie descriptive n'en est pas bien riche, les développements et les réflexions ne sont jamais poussés loin, mais si l'esprit de l'auteur est borné, son âme apparaît grande et généreuse, on sent qu'il est honnête homme et bon Français. On oublie la sécheresse et la monotonie même du récit, parce qu'il vous fait sûrement connaître l'esprit du soldat et aussi les cruelles nécessités de la guerre.

Il est bon de savoir à quel prix on achète une victoire.

Certes, c'est déjà beaucoup que le courage de faire le coup de feu ou de se lancer sur l'ennemi baïonnette en avant. Mais que de soldats tombés sur la route avant de voir luire un jour de bataille! Combien de victimes obscures sont dévouées aux marches sans fin, aux misères du bivouac, aux privations des sièges, aux souffrances d'une

(1) Voyez entre autres les pages 37, 55, 64, 170, 117, 171, 174. Et ce ne sont pas les seules.

campagne d'hiver où la maladie et la faim n'ont pas peur de votre fusil.

On ne saurait se faire idée de cela en voyant défiler un régiment ni en lisant un rapport officiel.

D'autres enseignements ressortent de notre journal. Il s'en dégage au plus haut degré l'expression de cette foi républicaine qui n'est pas encore admise sans réserve. Pour les besoins de certaines causes, on a contradictoirement exalté et ravalé les volontaires de notre première République. On verra que leur force morale fut à la hauteur de leurs souffrances, sinon de leur discipline. C'est déjà un point important acquis au débat qui n'est pas encore terminé, mais qui, pour l'honneur de nos armes, ne perd point à être approfondi. Je le constate sans esprit d'exclusion, car je suis de ceux qui ne voient ni tout en rose, ni tout en noir. Il semble que plus on creuse le passé, moins on devient absolu. En histoire, le bon et le mauvais restent aussi inséparables, dans les faits, que l'ombre et la lumière dans un paysage. On remarque seulement à certaines heures plus de lumière ou plus d'ombre, et c'est dans la mise en valeur de cette inégalité que se trouve la vérité du tableau.

Si nos volontaires de 1792 n'ont pas été aguerris du premier coup, ils ont donc montré vraiment l'esprit national, c'est-à-dire la volonté de faire respecter la France au péril de leurs vies, ce qui est la première qualité d'un soldat. Chez le nôtre, on constate aussi, et non sans une certaine surprise, que l'amour sincère de la République est empreint d'un sentiment religieux particulier et dont l'expression se trouve traduite au long dans une prière écrite à la fin de son œuvre. Elle a été recueillie avec d'autant plus de soin que c'est un document unique en son genre. Je l'avais cru d'abord copiée sur quelque texte de l'église constitutionnelle, mais ses incorrections mêmes annoncent une œuvre originale; elle surprend moins lorsqu'on se reporte à la jeunesse de l'auteur qui s'est passée dans le jardin d'un couvent.

Le *Journal de Fricasse* a été publié avec tout le respect possible. J'ai retranché les répétitions et les mots inutiles, orthographiant à l'occasion, mais sans me permettre d'ajouter quoi que ce soit (1). Pour mieux éclairer le texte, j'ai donné une suite de dessins d'uniformes rigoureusement exacts; ils sont placés à la fin de ce petit volume avec les éclaircissements nécessaires. Au point de vue militaire, je n'avais pas à me préoccuper de la discussion de faits, mais ce que j'ai lu des relations du temps m'a prouvé que l'auteur disait vrai sur la date et la nature des mouvements dont la portée lui échappe nécessairement. On sait que, excepté au grand état-major, c'est à l'armée qu'on est le moins renseigné sur la marche générale des opérations.

Toutes précises que paraissent les données de notre sergent, un contrôle était cependant nécessaire; il nous a été fourni surtout par les *mémoires* d'un maréchal d'Empire qui ne saurait être suspect. Soult fut officier dans la même division que Fricasse; il appuie les

(1) Le rétablissement de l'orthographe des noms de lieux, généralement défigurés, offrait des difficultés particulières que je ne suis pas sûr d'avoir surmontées toujours. En cas de doute, j'ai usé du point d'interrogation.

détails donnés ici par ses propres affirmations, que nous avons fréquemment reproduites. A ce propos, on doit rendre hommage à la franchise avec laquelle le duc de Dalmatie paye son tribut d'admiration aux armées républicaines; il s'honore d'avoir partagé leur pauvreté, leur fierté, leur ardeur patriotique. Il déclare que le sort de la Pologne était réservé à la France républicaine si les engagements pris à Pilnitz avaient pu se réaliser.

« Mais les soldats français, dit-il, ne comptaient pas le nombre de leurs ennemis ; ils avaient foi en leur propre valeur. Malgré les revers qu'ils éprouvèrent au commencement, les privations qu'ils eurent à supporter, le fréquent remplacement de leurs généraux, la profonde impression que devaient produire sur eux les cris des factions et les déchirements de l'intérieur, toujours au-dessus de leur fortune et de leur situation, ils ne virent que des devoirs à remplir ; et, en attirant sur eux les dangers, ils détournèrent les regards du monde des scènes de désolation qui couvraient la surface de la France. »

Puis, parlant de la fortune contraire au début de nos armes, Soult ajoute : « Les Français payèrent leurs essais par des défaites et subirent les effets inévitables de l'inexpérience de leurs généraux, de l'indiscipline des troupes, des vices de leur organisation, de l'imprévoyance ou de la cupidité de l'administration, et de l'influence souvent malheureuse des représentants sur les armées. Ce fut un temps d'épreuves difficile à passer, mais quand l'armée en sortit, elle s'y était retrempée ; les nouveaux chefs qui étaient destinés à fixer la victoire, sentaient sous le coup de ces revers leur intelligence se développer, méditaient sur les fautes qu'ils voyaient commettre et se formaient au milieu des rangs. »

A propos des remaniements que subit en 1794 la constitution de l'armée, le maréchal Soult entre dans des détails non moins attachants sur l'esprit de nos troupes d'alors ; ils ne sauraient perdre à être médités de nouveau et peuvent en tout temps fournir un bel exemple.

« Les officiers donnaient l'exemple du dévouement. Le sac sur le dos, privés de solde, (car ce fut plus tard seulement, et lorsque les assignats eurent perdu toute leur valeur, qu'ils reçurent en argent, ainsi que les généraux, huit francs par mois), ils prenaient part aux distributions comme les soldats et recevaient des magasins les effets d'habillement qui leur étaient indispensables. On leur donnait un bon pour toucher un habit ou une paire de bottes. Cependant aucún ne songeait à se plaindre de cette détresse, ni à détourner ses regards du service qui était la seule étude et l'unique sujet d'émulation. Dans tous les rangs, on montrait le même zèle, le même empressement à aller au delà du devoir ; si l'un se distinguait, l'autre cherchait à le surpasser par son courage, ses talents ; c'était le seul moyen de parvenir ; la médiocrité ne trouvait point à se faire recommander. Dans les états-majors, c'étaient des travaux incessants embrassant toutes les branches du service, et encore ils ne suffisaient pas ; on voulait prendre part à tout ce qui se faisait. Je puis le dire, c'est l'époque de ma carrière où j'ai le plus travaillé et où les chefs m'ont paru le plus exigeants. Aussi, quoiqu'ils n'aient pas tous mérité d'être pris pour modèle, beaucoup d'officiers généraux, qui plus tard ont pu les surpasser, sont sortis de leur école. Dans les rangs des soldats, c'était le même dévouement, la même abnégation. Les conquérants de la Hollande traversaient, par dix-sept degrés de froid, les fleuves et les bras de mer gelés, et ils étaient presque nus : cependant ils se trouvaient dans le pays le plus riche de l'Europe ; ils avaient devant les yeux toutes les séductions, mais la discipline ne souffrait pas la plus légère atteinte. Jamais les armées n'ont été plus obéissantes, ni animées de plus d'ardeur ; c'est l'époque des guerres où il y a eu le plus de vertu parmi les troupes. J'ai souvent vu les soldats refuser avant le combat les distributions qu'on allait leur faire et s'écrier : Après la victoire on nous les donnera ! »

Le journal de notre sergent porte bien l'empreinte de l'élan auquel un maréchal d'Empire a voulu rendre hommage. Rien qu'à ce titre, il mérite la confiance du lecteur qui cherche la vérité dans les faits ; l'incorrection de leur exposé n'enlève rien à la grandeur du sentiment qui les domine. Puisse-t-il faire condamner par nos contemporains cet amour du bien-être à tout prix qui menace de fausser notre jugement des devoirs militaires! Qu'une guerre survienne, ce n'est qu'un concert de cris et de lamentations dans certains journaux, si les vivres n'arrivent pas à l'heure dite et si les malades manquent des premiers soins. Malheur très grand, sans doute, mais inévitable en campagne. Cependant c'est à qui les analysera de la façon la plus navrante pour donner de la couardise à toute une nation. J'ai lu en 1871 certains articles d'ambulanciers que je pourrais citer comme des modèles de ce genre anti-national au premier chef. En temps de paix, il se manifeste sous une autre forme. Des mères de volontaires écrivent aux journaux pour se plaindre des corvées imposées à leurs fils; certains volontaires eux-mêmes croient être des héros d'abnégation en livrant à la publicité le récit de leurs infortunes de caserne. Pendant l'automne de 1881, un journal n'a-t-il pas poussé la sensibilité jusqu'à s'attendrir sur la marche d'un régiment qui avait fait, *sous la pluie*, l'étape de

Lagny à Courbevoie! — De tels articles sont à lire dans les réunions publiques où la désertion du drapeau est proclamée un devoir social. Dans une classe plus relevée, je pourrais citer plus d'un cas de désertion à l'étranger qui n'a pas été flétri comme il aurait dû l'être. En plein salon, n'ai-je pas entendu un écrivain de talent déclarer que le métier des armes était abject, et que les Français feraient bien mieux de prendre à leur solde une armée d'Allemands, que de se faire tuer bêtement par eux!

Simple paradoxe, me dira-t-on. Mais il est des paradoxes aussi humiliants que des aveux. On a ridiculisé dans le *chauvinisme* l'exagération enfantine du patriotisme; craignons le ridicule contraire qui serait infiniment plus dangereux.

Il est temps de mettre son orgueil à savoir souffrir. A ce prix seul, nous pouvons redevenir aussi forts que nos anciens.

JOURNAL DE MARCHE

DU

SERGENT FRICASSE

RECUEIL DES CAMPAGNES QUE J'AI FAITES
AU SERVICE DE MA PATRIE.
RÉPUBLIQUE FRANÇAISE UNE ET INDIVISIBLE

Je suis né le 13 du mois de février 1773, dans le village nommé Autreville, à deux lieues de Chaumont en Bassigny, chef-lieu du département de la Haute-Marne. Je suis fils légitime de Nicolas Fricasse, jardinier, et d'Anne Corniot, de la dite paroisse. A peine étais-je au monde, mes parents ont été appelés pour être jardiniers chez le seigneur de Juzennecourt. C'est dans cet endroit que j'ai été élevé et que mes parents m'ont appris à connaître ce que devait savoir un honnête homme.

Puis, mon père fut cultiver les jardins des Bernardins de Clairvaux. Ce changement a fait beaucoup pour mon apprentissage. Mon père était un des maîtres, et avait sous sa conduite quatre garçons. Après trois ans, il est retourné reprendre son ménage, et on m'a confié le même emploi qu'avait mon père. Je n'oublierai jamais un moine nommé Le Boulanger ; il était archiviste et sacristain en chef. Ce digne homme n'a cessé de me procurer l'occasion de m'instruire, mais l'idée n'y était pas, et je n'ai pas su en profiter. Il me disait souvent : « Vois un peu, tu sais déjà lire et écrire. Eh bien ! je veux t'apprendre la géographie ; elle est bien utile à une personne qui veut faire quelque voyage. » Dans ce temps, je ne croyais jamais le quitter et je pensais que son grand savoir me servirait sans apprendre. Ah ! que j'ai bien connu mes fausses idées dans la suite !

Dans ces années, les États généraux se sont assemblés, et on a parlé de la suppression des couvents. Ceci a changé bien des idées, surtout dans le couvent où j'étais, qui était de quatre-vingt-dix religieux. Les voilà donc obligés de quitter, et moi aussi. Je suis entré jardinier chez le marquis de Messey, seigneur de Braux-le-Châtel. Ce seigneur m'a donné beaucoup de louanges ; s'il était content, je ne l'étais pas, car la terre de son jardin était trop aride, et j'avais grand'peine à la cultiver.

Comme il était premier capitaine d'un régiment de cavalerie française nommé Royal-Étranger, en garnison à Dôle en Franche-Comté, il part pour rejoindre son régiment avec toute sa famille, et nous laisse dans la maison avec un cocher et une servante. J'en reçus une lettre dans laquelle il me marquait d'avoir soin de son jardin et de ses arbres, et qu'à son retour il me récompenserait. Présent ou absent, cela ne m'empêchait pas de faire mon service. Après, j'ai été une infinité de temps sans recevoir de ses lettres ; j'avais beau en attendre, car le marquis avait émigré avec toute sa maison qu'il avait à Dôle. Me voilà donc résolu de le quitter. On a vendu tous les biens aussitôt après mon départ.

Sortant de cette maison, je savais déjà où était ma place : j'avais été prévenu d'avance par le maître et la maîtresse. Ces aimables gens étaient venus voir le jardin, mais je n'avais pu leur promettre que pour la fin de la campagne. Me voilà entré au service du citoyen Quilliard, de Ville-sur-Laujeon (avant la Révolution, Château-Villain) [1]. C'était des gens vertueux, des cœurs remplis d'humanité ; leur bon caractère était peint sur leur visage. Tout cela me faisait croire que je ne pouvais passer que des jours heureux au service de ces généreux citoyens.

1. Le nom de Château-Vilain a définitivement survécu.

Après l'ouvrage du jardin, venaient les parties de chasse que le maître de la maison faisait presque tous les jours avec plusieurs bourgeois de la ville; c'était le plus souvent pour chasser les grandes bêtes, cerfs, chevreuils et sangliers, dans les forêts immenses que le duc de Penthièvre avait dans les environs.

Je me voyais chéri de mes maîtres, mais aussi je faisais en sorte de l'être toujours et de mériter leur confiance, lorsqu'il a été requis un bataillon dans le département. En ce temps le citoyen Quilliard commandait la garde nationale du canton; il donne ordre que toutes les communes se rassemblent au chef-lieu le 24 août 1792. Le 24 au matin, il nous dit :

« Vous savez sans doute la besogne que j'ai à remplir : il nous faut plusieurs volontaires; ceux qui veulent quitter mon service sont libres. Si toutefois il ne se trouvait pas assez de volontaires, tous les pères de famille et les garçons seront obligés de tirer au sort. Si ce n'est pas votre dessein de partir, hé bien! mes amis, je ferai tout ce qui dépendra de moi pour vous rendre service en en faisant partir d'autres à votre place. »

Nous voilà donc à la ville où tous les villages du canton étaient rassemblés. En premier lieu, il ne se trouvait guère de volontaires; il était une heure de l'après-midi que plusieurs compagnies de garde nationale, composées de cent soixante hommes, n'avaient pas encore fourni l'homme qu'il leur fallait[1]. Dans le nombre, se trouvait la mienne, et je me trouvais rempli d'un désir depuis longtemps. Combien de fois j'avais entendu, par les papiers[2], la nouvelle que notre armée française avait été repoussée et battue partout! je brûlais d'impatience de voir par moi-même des choses qu'il m'était impossible de croire. Vous direz que c'était l'innocence qui me faisait penser ainsi, mais je me disais souvent en moi-même : « Est-il donc possible que je n'entende dire que des malheurs? »... Oui! il me semblait que, si j'avais été présent, le mal n'aurait pas été si grand. Je ne me serais pas dit meilleur soldat que mes compatriotes, mais je me sentais du courage, et je pensais que, avec du courage, on vient à bout de bien des choses. »

En ce moment, pour remplir mon devoir, je me suis présenté à la tête de la compagnie; je leur ai demandé s'ils me trouvaient bon pour entrer dans ce bataillon. Les cris de toutes parts se

1. En 1791, on avait déjà formé des bataillons de garde nationale destinés à entrer dans le cadre de l'armée. Soult rappelle, au début de ses *Mémoires*, qu'il se trouvait alors en garnison à Schelestadt avec le premier bataillon du Haut-Rhin. « Ce corps était nombreux, dit-il, animé d'un bon esprit, mais fort peu de ses officiers étaient capables » — On trouvera dans le n° 1 de notre supplément un extrait intéressant des *Mémoires de Carnot* sur les effets de la levée en masse qui fut ensuite décrétée.

2. Les *papiers publics*, les journaux.

sont fait entendre : « Oui! nous n'en pouvons pas trouver un meilleur que vous! »

Me voilà donc enregistré par le capitaine et le juge de paix, sans avoir prévenu mon maître de mon sentiment, dans le moment qu'il s'offrait à me rendre service. Je conviens que ce n'était pas bien fait de ma part, mais j'étais timide. La timidité et la jeunesse empêchent quelquefois de dire sa façon de penser.

C'est huit jours après, le 24 août, que j'ai quitté la maison; j'ai été dire adieu à mon père et à ma mère. Ceci m'a bien attendri de voir verser des pleurs à toute la famille sur mon éloignement sans leur aveu. Depuis ce moment, je voyage. Le lecteur pensera si j'ai bien ou mal fait.

Mon bataillon était requis par le général Biron ; son titre était *Premier bataillon de grenadiers et chasseurs de la Haute-Marne.*

L'ordre du départ est enfin arrivé ; le 2 septembre, je me suis rendu à Chaumont, chef-lieu du département. Nous y avons nommé des officiers provisoires qui nous ont montré les premiers principes de l'école du soldat sans armes. Les noms de ces officiers étaient : Ruel, capitaine, Barthélemy, lieutenant ; Lemoine, sergent major ; tous trois habitants de la ville. L'ordre de former le bataillon venu, nous sommes partis le 5 octobre pour Saint-Dizier. En y allant, nous avons logé à Joinville ; l'étape nous était fournie ainsi que le logement.

A Saint-Dizier, on nous a fait prendre des cantonnements dans les environs, en attendant l'organisation. Je me suis trouvé dans la partie envoyée à Louvemont ; dans ces cantonnements, nos officiers de route nous ont montré le maniement des armes.

Parti de Louvemont le 2 novembre, pour retourner à Saint-Dizier, pour notre organisation. C'est dans ce moment que mes compagnons m'ont honoré du grade de caporal dans la sixième compagnie ; j'avais pour capitaine Lemoine; pour lieutenant, Mongis; pour sous-lieutenant, Thiébault.

Après que le bataillon a été organisé, on nous a fait cantonner de rechef; mais nos nouveaux cantonnements étaient à trois ou quatre lieues plus loin de Saint-Dizier où notre état-major est toujours resté. Deux villages étaient destinés à notre compagnie: Chamouilley, où le capitaine est resté avec la première section, et Bienville où j'étais avec les lieutenants: ces villages sont situés sur la Marne. Nous ne touchions aucun vivre; on donnait à un caporal vingt-trois sols huit deniers en papier par jour (pendant quelque temps, c'était six sols trois deniers en argent, et dix-huit sols en papier); un soldat avait quinze sols trois deniers par jour, tout compris. Avec ce prêt, nous étions obligés d'acheter tout ce qui nous était nécessaire. Les vivres n'étaient pas chers dans ce moment-là; nous pouvions vivre raisonnablement.

Nous sommes sortis le 21 janvier de ces cantonnements pour rejoindre la première section, et pour nous disposer à célébrer la bénédiction de notre drapeau, à Saint-Dizier.

Un jour après notre arrivée (le 24), on a donc assemblé le bataillon et on nous a conduits à l'église paroissiale de l'endroit. La bénédiction a été faite par notre aumônier: après, on a fait faire le serment de fidélité à tout le bataillon devant le drapeau. Le drapeau avait pour emblême une épée surmontée d'un bonnet de liberté, et pour devise: *Huit cents têtes dans un bonnet.*

Dans ce même moment, on a distribué á chaque compagnie un fanion sur lequel était son numéro. Comme tout le bataillon ne pouvait rester à la ville, car c'était un lieu de passage, on nous a envoyés reprendre nos cantonnements. La seconde section, dont je faisais partie, avait eu des difficultés avec des laboureurs de l'endroit qui ne voulaient pas nous vendre du bled pour du papier. Pour éviter tout différend, on nous a donné un autre village appelé Narcy, à une demi-lieue de la Marne. Nous avons achevé d'y passer l'hiver.

Notre état major a changé pour aller dans une autre ville nommée Vassy. Dans ce moment, nous avons changé de cantonnement. C'était le 15 mars; nous étions dans les environs de la ville, nous avions pour la compagnie deux villages qui se nommaient Brousseval et Domblain, où nous avons reçu notre habillement complet. Notre chef de bataillon, nommé Deprée, faisait souvent rassembler les compagnies pour faire la manœuvre. Comme nous étions au printemps, plusieurs fois il nous faisait lever dès la petite pointe du jour, prendre les armes et mettre le sac au dos; il nous menait à deux ou trois lieues à la promenade militaire. Tout cela se faisait en attendant l'heure du départ.

Je ne ferai point de grandes observations sur les pays où nous avons resté. C'est un pays où le monde est très affable; il produit du pain, du vin et une infinité d'autres denrées; chaque particulier y vit content de son labeur. Nous avons quitté ces contrées pour aller à Metz, le 12 avril, par Bar-sur-Ornain, Saint Mihiel, Pont-à-Mousson.

Metz est une ville de guerre très fortifiée, et, dans ce temps-là, on augmentait encore ses fortifications. Nous avons fait le service de cette place pendant trois mois et demi, et logé au quartier Chambière avec le régiment de Suède. Nous avons été exercés à faire les différents feux.

Nous sommes partis, le 17 août, de Metz pour

Maubeuge où était une partie de l'armée du Nord.

Avant de passer plus loin, je dirai que j'ai fait à Metz une maladie qui m'a porté à deux doigts de la mort. J'attribuais la cause de cette maladie à l'air de la ville[1], car j'avais toujours joui du bon air de la campagne. Peut-être aussi la distance de soixante lieues du pays m'a donné ces six semaines d'hopital.

Nous en reviendrons à notre armée du Nord. Nous y voilà arrivés : c'est dans peu qu'il nous faudra mesurer pour la première fois nos armes avec celles de notre ennemi.

Nous n'avons pu loger au camp, car les tentes étaient toutes remplies; nous avons été obligés de rétrograder jusqu'au village de Beaufort, entre Avesnes et Maubeuge (c'était le 31 août). Là, nous avons trouvé le régiment de Beaujolais.

Depuis, ce n'a été que bivouacs et contremarches nuit et jour, car nous avions affaire à un ennemi dont nous n'étions pas les maitres, et nous n'étions que très peu de monde.

7 *septembre.* — Partis de Beaufort pour Ténières près de la Sambre, où l'ennemi venait piller tous les jours. Nous nous sommes opposés à leur dessein. De là, nous avons été à Avesnes.

Après un repos de quatre heures, on a battu la

1. Les casernes Chambière ont en effet toujours passé pour malsaines, en raison des eaux stagnantes des fossés qui sont dans leur voisinage.

générale. Nous sommes partis pour Marbaix, sur la route de Landrecies, où nous avons bivouaqué pendant quarante-huit heures, suivant le mouvement de l'ennemi.

12 *septembre*. — A cinq heures du matin, nous sommes arrivés derrière Landrecies. La tête de colonne a commencé l'attaque derrière la ville, sur la route du Quesnoy. Feu vif de notre part, mais l'ennemi à très bien répondu dans la forêt de Mormal où il était retranché. Cependant leurs premiers retranchements ont été enlevés, mais les abattis de gros arbres nous ont empêchés d'aller plus avant. Notre bataillon est entré dans la forêt à huit heures du matin. A sept heures du soir, la colonne s'est retirée. On a perdu du monde dans les deux partis. L'armée de siège de l'ennemi venait donner du secours à l'armée d'observation. C'est ce qui a fait que nous nous sommes retirés sur les glacis de Landrecies, sans quoi ils nous auraient bloqués dans la forêt[1]. Pour notre première bataille, le succès n'a pas été bien grand.

1. L'armée du prince de Cobourg avait en effet occupé la forêt de Mormal en bloquant Le Quesnoy. « De faibles détachements français observaient ses mouvements, dit Soult ; ils ne purent l'empêcher de déployer les immenses moyens qu'on avait préparés pour réduire la place, elle capitula le 11 septembre, après avoir soutenu quinze jours de tranchée. Dans le temps qu'elle succombait, des efforts tardifs étaient faits pour la dégager : à Avesnes, par une division sortie de Cambrai, à Fontaine, par une autre division sortie de Landrecies ; à l'entrée de la forêt de Mormal, par une colonnie partie du camp de Maubeuge. » Cette dernière colonne est celle dont il est ici question.

Repos de trois heures sur les glacis de Landrecies; on nous a donné quelques petits rafraîchissements. La colonne s'est remise en route; chaque corps a été reprendre ses positions du 7 septembre. — Quinze heures de marche.

Notre colonne de douze mille hommes, tant cavalerie qu'artillerie, avait voulu débloquer le Quesnoy et lui faire passer des vivres. Il était trop tard; lorsqu'elle est arrivée pour attaquer l'armée d'observation de l'ennemi, la ville s'est rendue; son dernier coup de canon était tiré avant le commencement de notre attaque.

Revenus à Beaufort, le bivouac a commencé à une heure du matin, à une demi-lieue en avant du village, derrière le régiment de Beaujolais qui était campé sur une hauteur, à un quart de lieue de la Sambre. On attendait de jour en jour le blocus de Maubeuge.

29 *septembre.* — Nous étions à bivouaquer comme de coutume, lorsqu'un déserteur autrichien est venu au camp de Saint-Remi-malbâti; il a dit que l'ordre était donné dans leur régiment de se tenir prêt à passer la Sambre pour les quatre heures du matin. Le régiment de Beauce, nº 68, était à ce camp; il a redoublé son service et s'est mis sur ses gardes. Il faisait un brouillard très obscur: aussi l'ennemi en a bien profité pour jeter ses pontons pendant la nuit, et, à quatre heures précises, ont passé

trente mille hommes bien assurés de la victoire [1]. Les troupes campées sur les hauteurs près la Sambre ont fait vigoureuse résistance, mais n'ont pu tenir contre une colonne si nombreuse, et ont été obligées de se replier sur nous, qui étions en seconde ligne. Nous n'avons pu arrêter la marche des Autrichiens qui nous attaquaient de tous les côtés.

Retraite sur la ville de Maubeuge. Malgré notre vigoureuse résistance, nous n'avons pas tardé à être bloqués par leur nombreuse cavalerie qui cherchait à s'emparer des villages et des bois où nous devions passer. Comme nos tirailleurs ne leur donnaient pas assez d'occupation et ne nous laissaient pas le temps de défiler, nous avons été obligés de nous mettre en bataille en avant de la forêt de Beaufort. A l'approche de l'ennemi, nous avons fait le feu de file pendant trois quarts d'heure. Son artillerie nous a forcés une seconde fois à la retraite, après avoir perdu un canon et plusieurs canonniers tués et blessés. Vingt hommes de notre bataillon mis hors de combat. Notre route était coupée; il ne restait plus pour notre retraite qu'à nous enfoncer dans le bois et sortir comme l'on pourrait.

1 Les détails du texte sont confirmés par un nouveau passage des *Mémoires* de Soult; la légère différence donnée dans l'évaluation des troupes est plus qu'annulée par le renfort qui arrive ensuite à l'ennemi.

Nous voilà donc en marche. Après avoir fait une demi-lieue dans cette forêt, étant prêts de sortir, un régiment ennemi qui se dérobait à notre vue nous force de chercher un autre passage. Sur une autre lisière du bois, l'ennemi nous cerne de même. Ma foi ! il n'y avait plus à balancer. Rester prisonnier ne nous accommodait pas ; nous avons passé au travers de l'ennemi qui n'a cessé de faire une fusillade continuelle.

De cette forêt, nous avons rejoint la colonne qui se rassemblait dans la plaine, du côté de la route de Frieville. On voulait encore leur faire résistance, mais en vain. Il a fallu se mettre à l'abri dans le camp et disposer l'artillerie des redoutes à défendre les approches. L'ennemi s'est emparé des villages aux environs de la ville et a pillé nos effets qui y étaient restés.

Trente hommes de notre bataillon, restés dans la forêt de Beaufort sans avoir pu perçer pour nous rejoindre, avaient été obligés de se renfoncer dans le bois. Chemin faisant, ils ont fait prisonnier une sentinelle autrichienne. Ce soldat, très content d'être prisonnier, a aidé nos hommes à sortir du bois et les a conduits dans un endroit, qui était le moins gardé, où ils ont pu passer entre les postes à la faveur d'une nuit obscure (30 septembre). Ils ont été faire le service à Avesnes, et nous ont rejoints après le déblocus de Maubeuge.

La même nuit, vers les dix heures du soir, notre bataillon a pris la garde de la *redoute du Loup* pour vingt-quatre heures. Après avoir été relevés, nous avons été prendre position à la gauche du camp retranché de Falise; c'était le nom du camp de Maubeuge.

Nous attendions de jour en jour le siège, mais en vain. Il a été rapporté par plusieurs personnes que l'intention du général Cobourg n'était pas d'assiéger la ville, mais de la faire rendre par famine, car elle n'était pourvue d'aucuns vivres. On comptait vingt mille hommes en état de porter les armes, tant dans le camp que dans la ville; au moment du blocus, on a fait le serment de mourir les armes à la main plutôt que de se rendre aux ordres d'un tyran.

6 *octobre*. — Sortie de six mille hommes, mais sans succès. Ils se sont présentés le triple et le double de ce que nous étions. On ne s'en est tiré qu'avec une grande perte.

7. — Même insuccès. Nous sommes investis de toutes parts sans pouvoir nous donner de l'élargissement.

Le 5 octobre, à la redoute de gauche, entre le bois du Tilleul et nos avant postes, une sentinelle française et une sentinelle hollandaise étaient à soixante pas l'une de l'autre, ce qui leur donnait facilité de converser. Quatre soldats de mon poste se sont avancés; les Hollandais, qui étaient dans le bois du Tilleul, ont été portés par la curiosité à se mêler de la conversation. Cependant, un Français reçonnaît, parmi les Hollandais, son frère, qui était le plus empressé à demander comment nous étions, ce que nous pensions, et si les vivres ne nous manquaient pas.

Réponse : « Il ne manque rien aux républicains. »

Par dérision, ils répliquaient que nous mangions déjà nos chevaux, et que, avec notre papier, nos assignats, il fallait mourir de faim. Ils ajoutaient qu'ils nous tenaient dans leurs filets, qu'ils nous feraient danser une dernière fois *la carmagnole.* Celui-là disait que, quoique Français, il prendrait plaisir à nous voir arracher la langue.

Un volontaire lui dit : « Camarade, vous ne paraissez pas Hollandais, et sans doute il n'y a pas longtemps que vous êtes sorti de France. Vous paraissez bien sanguinaire pour une patrie qui renferme vos parents, mais que vous ne devez pas espérer revoir, car la loi prononçant votre arrêt de mort ferait tomber votre tête. Voilà ce qui est réservé aux coquins de votre espèce. »

Son frère, qui l'avait reconnu, interrompit la conversation en disant : « Laissez-moi voir ce coquin ! C'était autrefois mon frère. »

L'autre dit : « Si j'ai été ton frère, je le suis encore. »

Le volontaire dit que non, qu'il s'en était rendu indigne. « Tu sais, malheureux, ajouta-t-il, que je suis parti volontairement. Qu'il te souvienne de la promesse faite ! Tu me promis d'avoir soin de notre mère, mais tu as faussé ton serment, tu l'as laissée sans subsistance et dans le chagrin ; tu es indigne de vivre, tu n'es pas un humain, mais un vrai barbare ».

(Il faut remarquer que ce soldat généreux faisait part à sa mère de la moitié de sa paye.)

Les Hollandais, qui entendaient un peu le français, ne manquèrent pas de le blâmer, et le lâche se retira. Son frère arme son fusil, tire et l'attrape à la cuisse. Il se relève et s'enfonce dans le bois.

Un dragon autrichien, du régiment de Cobourg, chargeait un des nôtres, du 12e dragons. Après avoir tiré chacun leur coup de pistolet, ils s'approchent pour se sabrer. Quelle surprise ! Ils se reconnaissent pour frères ; depuis quinze ans ils ne s'étaient vus. A l'instant, leurs sabres tombent, ils sautent de cheval et se jettent au cou l'un de l'autre, sans pouvoir dire un seul mot. Un instant après, ils juraient de ne plus se séparer et de vivre sous le même étendard. Notre dragon fut trouver le général Jourdan pour le prier de ne point regarder son frère comme déserteur ni comme prisonnier, et le général consentit à incorporer cet homme dans le régiment.

Heureuse époque du 18 octobre! C'est à une colonne de quatre-vingt mille hommes[1], commandée en chef par le général Jourdan, que nous devons notre liberté. Ils se sont battus, pendant deux jours, avec intrépidité[1]. Ce combat s'engageait par une quantité de tirailleurs avec l'artillerie ; la cavalerie et le reste de l'infanterie soutenaient ensuite. Le troisième jour, le brouillard était moins obscur ; la lumière a donné de la force à nos armes, et, malgré leurs fortes redoutes, notre armée les a mis en déroute.

Ces quatre-vingt mille hommes venaient de la Vendée, étaient commandés par un républicain ; mais aussi la troupe l'a secondé. Ils ont fait repasser la Sambre à l'armée autrichienne qui a profité de la nuit pour disparaître, en laissant une quantité d'outils servant au travail de leurs redoutes.

Je rapporterai ici ce que nous disaient les soldats autrichiens : « Eh ! petits *carmagnoles* [2],

1. L'armée de Jourdan ne comptait en réalité que 45,000 combattants; ils ne venaient pas de la Vendée, mais des camps de l'armée du Nord et de l'armée des Ardennes. On trouvera dans le numéro 2 de notre supplément un émouvant récit du combat qui amena la levée du blocus de Maubeuge; il est extrait des *Mémoires de Carnot*, par son fils. (Paris, Pagnerre, 1862. Tome I, page 399). Les détails remarquables qu'on y trouve formaient un complément nécessaire de notre texte.

2. Allusion à la fameuse ronde révolutionnaire dite : *carmagnole*. On la retrouve page 16.

vous ne sortirez pas d'ici que vous ne soyiez en notre pouvoir. Notre général a dit que si votre bonnet rouge était de force à faire partir l'aigle impérial, et à faire lever le siège, il adopterait votre constitution et serait du parti des républicains [1].

Il ne l'a pas adopté, mais il a eu la *chasse* répucaine. »

18 *octobre*. — Sortis de notre camp à la découverte, nous nous sommes rendus à Hautmont, village à gauche de Maubeuge, tout en désastre. On était après la moisson ; l'ennemi s'est servi des grains pour faire des baraques et donner à manger aux chevaux. C'était la plus grande désolation. Les habitations des cultivateurs dévastées et même en grande partie brûlées. Voyez un peu ce qu'est la guerre. Malheur au pays où elle est posée ! Les habitants n'y peuvent qu'être malheureux.

Quoique nous n'ayions pas été longtemps bloqués, je dirai que nous sentions déjà notre misère, les vivres nous étaient retranchés (rationnés) ; la rivière passait au bas de notre camp, mais l'ennemi nous avait coupé l'eau ; nous étions obligés de la prendre dans les fossés des retranchements où on allait faire les nécessités. La pluie, qui tombait continuellement

1. Le propos a été en effet attribué au prince de Cobourg, qui commandait alors l'armée assiégeante.

faisait de tout cela un mélange. Aussi plusieurs de nous y avaient gagné le flux de sang.

Revenons à nos contremarches : l'ennemi a été repoussé, mais il faut garder ses passages.

29 *octobre.* —Partis de Hautmont pour aller à la droite de Maubeuge, dans un village appelé Marpent, sur le bord de la Sambre, où de temps en temps on se souhaitait le bonjour à coups de fusil avec les postes autrichiens.

14 *novembre.* — Partis de Marpent pour aller au camp de Saint-Remy, sur les hauteurs, jusqu'au 29. Ce dernier jour, nous sommes allés à Colleret.

Année 1794

Nous avons quitté Colleret pour Damousies le 12 janvier 1794, deuxième année de la République. Tous ces villages étaient en première ligne, près des avant-postes ennemis ; car les impériaux avaient un passage sur la Sambre, près de Beaumont de sorte que nous étions obligés de nous garder partout. On allait fourrager pour la cavalerie sur leurs frontières, car les fourrages n'étaient pas bien abondants dans des pays où la troupe est toujours campée.

De Damousies, nous sommes venus, le 19 janvier, au village d'Aibes, toujours en première ligne où le bivouac était continuel. Là, je suis passé sergent, par ancienneté de grade, le 26 pluviôse.

Nous avons reçu dans ce temps des recrues de la réquisition, et les compagnies ont été au grand complet. A peine avait-on le temps de montrer les premiers principes d'exercice à tous ces hommes qu'il fallait aller se battre; aussi, la rigueur de l'hiver nous a causé bien des maux. Dans ces temps là, il n'y avait point d'armistice; hiver comme été, on était toujours en campagne.

Quitté Aibes, le 6 germinal, pour nous rendre à Jeumont. La moitié du bataillon a campé à une demi-lieue à droite, à un bois nommé le *Bois de l'abbaye brûlée*. Tous les quatre jours, on relevait les postes à quarante pieds de distance de l'ennemi, et, en d'autres endroits, il n'y avait que la Sambre qui séparait. Dans cet endroit, bien des fois nous nous sommes souhaité le bonjour à coups de fusil. On ne cherchait qu'à se surprendre les postes et à enlever les sentinelles.

Le 22, nous sommes partis de cette position. L'ennemi faisait de nouvelles tentatives pour bloquer Maubeuge. Encore une demi-heure plus tard, cela en était fait. Mais la brave armée du Nord ne s'est point découragée. Nous avons battu en retraite à deux lieues près de Cerfontaine, où était le quartier général. Toute la troupe était sur une ligne, disposée au combat qui a commencé aussitôt. La colonne autrichienne a été repoussée au delà de ses positions, laissant une très grande quantité de morts, de blessés et de prisonniers.

Nous avons repris notre position dans le village. Nous y avons trouvé de leurs chasseurs à pied qui avaient passé la Sambre pour piller; nous leur avons fait des prisonniers, et le reste de la journée s'est passé à se donner des saluts républicains[1].

Avant de quitter les frontières du Hainaut, pour l'autre rive de la Sambre, je parlerai de la situation des habitants. La plupart n'avaient plus d'habitations (et encore combien avaient perdu la vie!). Je compare l'ennemi à une grêle qui ne laisse rien dans les campagnes où elle passe.

Dans ces contrées si fertiles, ces habitants vivaient tranquilles; leurs terres produisaient de bon froment, toutes sortes de grains, de fruits et de légumes. Le vin, très cher, n'est pas beaucoup en usage; la bière est la boisson. Leur manière de vivre est très simple : lait, fromage et fruits, c'est là leur usage. Bétail à cornes très beau; chaque habitant en possède plus ou moins selon son pâturage; il a des clos entourés de bois de tous genres desquels il tire du chauffage pour l'hiver; dans ces clos, il coupe le premier foin; après cela, leurs vaches y restent jusqu'à l'hiver sans rentrer à l'écurie. On ne voit

1. Échanger des coups de fusil.

presque pas les villages qu'on ne soit dedans; c'est tout clos, avec de grands bois à l'entour et près de chaque maison. La plupart des maisons sont couvertes de paille. Dans ce pays, les deux sexes y sont affables et humains.

8 *floréal.* — Nous sommes entrés dans la ville de Beaumont après une bataille avec les émigrés où il y en a beaucoup de restés sur le champ. Nous n'en avons faits prisonniers que très peu, car ils ne se rendaient pas volontiers.

Nous avons chassé l'ennemi de ses fortes positions autour de la ville; nous nous en sommes emparés sur-le-champ; elles nous étaient avantageuses.

18. — Arrivés au camp de Beaumont. Repartis le 20 à huit heures du soir, traversant la ville pour aller bivouaquer, jusqu'à la pointe du jour, sur la route de Mons, à deux lieues en avant. A la pointe du jour, nous avançons sur l'ennemi campé dans la plaine. Ses dispositions pour nous recevoir n'ont pas été assez promptes; il a pris la fuite dès notre première attaque. Dans cette même affaire, j'ai été détaché avec des tirailleurs pour débusquer les leurs d'un village; nous en avons pris huit et tué quelques uns. Le reste a pris la fuite.

22. — Après avoir fait plusieurs mouvements, malgré la pluie qui tombait tous les jours et rendait les routes impraticables, nous nous sommes

arrêtés dans la plaine de Beaumont pour y passer la nuit.

23. — Dès la pointe du jour, la troupe a été divisé een trois colonnes ; celles de droite et de gauche ont attaqué l'ennemi avec tant d'ardeur qu'elles l'ont fait se jeter sur nous au centre. Il y avait plus d'une demi-heure que nous entendions ronfler le canon et la fusillade. Il y avait un murmure dans notre colonne de ce qu'on était dans l'inaction. Tout à coup, on a vu l'ennemi manœuvrer sur nous, ils n'ont pas été reçus avec moins d'audace. Nous les avons forcé à repasser la Sambre ; plusieurs d'entre eux ont bu plus qu'ils n'ont voulu. Nous avons passé après eux ; nous les avons poussés à plus de deux lieues au pas de charge. Nous avons pris plusieurs canons, quantité de prisonniers ; très grand nombre de tués. On n'aurait pas arrêté si la nuit n'avait empêché de poursuivre.

24. — Nous nous sommes mis en marche dès la pointe du jour. Une colonne a longé la Sambre ; l'autre avançait sur la droite. L'ennemi nous attendait dans ses fortes redoutes. Nous n'avons pas hésité. Le feu a commencé par une canonnade très vive. Notre artillerie s'est mis en devoir de répondre avec ardeur, elle a été soutenue par le feu de l'infanterie qui s'est avancée au pas de charge et a enlevé la redoute de vive force, malgré un feu terrible. — Toute la troupe à montré

un courage digne de véritables républicains.

Nous leur avons pris quatre pièces de canon et leurs caissons, plusieurs prisonniers et beaucoup de tués. Nous les avons poursuivi, baïonnette aux reins, pendant une demi-heure, ils ont atteint un village derrière lequel ils ont pris position, avec un renfort qu'il leur venait du camp de Grisvel sous Maubeuge, ce qui nous a tenu en échec devant le village nommé Grand-Reng. On s'est mis en bataille devant le village et on a envoyé une grande quantité de tirailleurs qui ont de premier abord enlevé le village ; il leur a été repris : de rechef, ils y ont rentré, mais venant à bord de l'autre côté, des pièces à mitraille ont développé leur feu sur eux, il était impossible de passer outre. Pendant huit heures, le feu n'a pas cessé d'un côté à l'autre. Le soir venu, les munitions ont manqué, nous avons été obligés de leur abandonner notre position et de repasser la Sambre. Nous avons perdu assez de monde[1].

Les jours précédents avaient été favorables. Ce jour-là, nous avons perdu presque tout le terrain

1. Le maréchal Soult donne les détails suivants sur le combat de Grandreng. « L'échec éprouvé par la colonne du centre rendit inutile le mouvement du général Mayer sur Haulchin, et permit au prince de Kaunitz de marcher au soutien de sa droite, à Grandreng, en dégarnissant sa gauche. Le général Déjardins avait déjà enlevé quelques redoutes, et il pénétrait dans le village, quand tout à coup ses deux divisions sont elles-mêmes assaillies et débordées par la cavalerie autrichienne. Elles font, avec l'appui de la brigade Duhesme, un dernier effort pour ren-

gagné, mais nous avons toujours notre passage sur la Sambre.

Voici donc de l'ouvrage à recommencer. Voyons si on s'y prendra de la même manière.

Il a fallu marcher toute la nuit pour arriver dans la plaine, où nous étions le 22.

25. — Malgré la pluie et le mauvais temps continuel, nous avons changé de position en nous rapprochant de l'ennemi. Nous n'avions pour couvert que le ciel.

26. — Nous nous sommes avancés pour nous opposer à la marche de l'armée autrichienne sur les bords de la Sambre. Le combat s'est engagé par nos tirailleurs tirés des compagnies à tour de rôle; l'artillerie les a secondés du matin au soir avec succès; elle a défait des pelotons de cavalerie, démonté plusieurs pièces; nos obus ont fait sauter des caissons, tué beaucoup de soldats et de chevaux. Une partie de nos soldats criait : « Venez, soldats de l'aigle impériale, vous ne résisterez pas longtemps à l'ardeur des soldats sans-culottes! »

Notre perte n'a pas été grande dans cette jour-

trer à Grandreng; mais elles échouent de nouveau, et sont obligées de précipiter leur retraite pour repasser la Sambre, malgré l'appui qu'elles reçoivent de la réserve de cavalerie. Le général autrichien acquit l'honneur de cette journée, en rendant ses forces mobiles, de la gauche au centre, et du centre à la droite, où il prit successivement la supériorité. Ses pertes furent beaucoup moindres que celles des Français, qui sacrifièrent plus de quatre mille hommes et douze pièces de canons. »

née; un boulet nous a tué deux chevaux. Nous avons passé la nuit sous les armes.

27. — Pris position au village de Hantes, sur la Sambre. L'ennemi a fait une tentative pour passer dans l'endroit où nous étions, mais il n'a pas réussi.

30. — Quitté notre position pour nous rendre sur les hauteurs de l'abbaye de Lobbes. Cette abbaye a été brûlée à la retraite des Autrichiens.

1er *prairial*. — Nous allons attaquer l'ennemi; l'artillerie et les tirailleurs commencent. Fusillade soutenue de midi à la nuit. Le 2, le combat s'est engagé de même, mais avec beaucoup plus de succès; l'ennemi s'est retiré dans ses fortes redoutes près de Grand-Reng, où le feu a duré jusqu'au soir. Journée sanglante pour les deux partis; nous nous sommes retirés sur les hauteurs près de Grand-Reng. On a établi les postes tout près de ceux de l'ennemi.

Nous sommes restés quelques jours dans cette position.

5. — On dégarnit notre colonne de cavalerie et d'une partie de l'infanterie pour les faire passer à la droite qui ne se trouvait pas assez forte. L'ennemi voit ce mouvement et prépare le combat.

1. « Les revers du 13 avaient irrité les représentants sans les éclairer; ils ordonnèrent un nouveau passage, mais les opérations, encore plus mal dirigées que la première fois, eurent pour résultat des pertes beaucoup plus grandes. (Soult.)

Nous n'avions aucun ordre de prendre les armes le matin. Ordinairement, c'est le matin que les grands coups se faisaient. Nous étions tranquilles sous des petits brise-vent que nous avions faits avec des branches d'arbres; un brouillard très épais empêchait nos avant-postes de découvrir les mouvements de l'ennemi quand il les a surpris. Aussitôt, on entend crier de toutes parts : *Aux armes!* Chacun a couru se ranger en bataille. Ils étaient déjà dans notre camp, et leur cavalerie s'avançait à grands pas sur la route de Mons. Il y avait une pièce de douze et une de huit chargées à mitraille; nos canonniers y ont mis aussitôt le feu et ont retardé leur marche. Ils étaient beaucoup plus forts que nous; néanmoins, ils ont été reçus d'une manière républicaine, mais, malgré notre vigoureuse résistance, nous avons été obligés de battre en retraite et de repasser la Sambre. Dans notre colonne, il n'y avait que le régiment de cavalerie n° 22 au moment de la retraite. Nous avons eu cent hommes hors de combat. Le reste de la journée s'est passé à tirailler. Passé la nuit à Jeumont; le pont qui nous a servi se nomme Solre-sur-Sambre.

A l'affaire du 5 prairial, près Grand-Reng, le citoyen Mercier, fusilier de la compagnie d'Horiot (3e bataillon), natif de Provenchères, district de Joinville (Haute-Marne), combattit un hussard autrichien. Deux coups de sabre, sur la tête, et sur le poignet gauche le terrassèrent. « Rends toi, coquin! dit le hussard.

—Un lâche le ferait, dit Mercier. Mais moi, non!

Il se relève, prend son fusil de la main droite, met le canon sur la saignée du bras gauche, pose le doigt sur la détente et tue le hussard. Mais les blessures de ce vrai républicain étaient très dangereuses. Il est mort un mois après.

J'ai vu dans cette affaire des braves républicains couverts de blessures rassembler toutes leurs forces au moment où ils allaient exhaler le dernier soupir, s'élancer pour baiser cette cocarde, gage sacré de notre liberté conquise; je les ai entendus adresser au ciel des vœux ardents pour le triomphe des armées de la république.

Cailac, un de nos capitaines, eut la jambe fracassée par un boulet, et mourut au bout de trois semaines, disant : « Ma vie n'est rien; je la donnerais mille fois pour que la république triomphe. »

Atteint au ventre d'un éclat d'obus, un grenadier du bataillon dit à ceux qui voulaient lui porter secours : « Laissez moi, mes amis, laissez moi mourir! Je suis content, j'ai servi ma patrie. » Et il expire.

7. — Dès la pointe du jour, nous nous sommes mis en marche et nous avons été baraquer au village de Hantes. Comme les vivres avaient tardé, nous nous sommes mis à battre du blé,

2.

aller au moulin et nous avons fait du pain. Je dirai que tous les habitants de ces villages s'étaient retirés dans les bois, car les armées leur causaient trop de maux. Il semble que le ciel veuille augmenter les nôtres; la pluie est tous les jours notre partage.

8. — Partis de Hantes pour aller camper sur les hauteurs de l'abbaye de l'Aune.

12.— Sortis de nos positions à huit heures du soir pour aller à l'abbaye de l'Aune, nous y sommes arrivés à minuit, le même jour. Cette abbaye était entièrement dévastée et brûlée.

14. — Nous avons passé la Sambre, qui est tout près de là.

15. — La troupe s'est mise en marche et nous avons attaqué dès la pointe du jour. Combat engagé par une forte canonnade. L'ennemi abandonne ses positions; nous nous sommes emparés des hauteurs.

16. — Le canon s'est fait entendre de l'armée des Ardennes, qui est sous les murs de Charleroi.

L'ennemi s'y est porté en forces, avec un renfort de cinquante mille hommes, et soi-disant l'empereur à leur tête. Ce jour, ils ont débloqué la ville, nous ont repoussés sur le bord de la Sambre près de l'abbaye de l'Aune où nous restons trois jours.

19. — Nous sommes partis pour Hantes, où

nous arrivons à onze heures du soir, bien fatigués de marche continuelles [1].

21. — Arrivés à six heures du matin à Thuin, ville d'où on avait chassé l'ennemi quelques jours avant.

22. — Partis à une heure du matin pour le camp de Baudribut.

24 — Dès la pointe du jour, nous avons passé

1. Le maréchal Soult dit ici : « Il faut aussi admirer la docilité des troupes, qu'aucun revers ne put abattre, et déplorer que, soumises à la tyrannique autorité des représentants, elles n'aient point eu à leur tête des chefs dignes de les diriger. Depuis quinze jours, les corps qui étaient sur la Sambre avaient perdu plus de quinze mille hommes et la moitié de leur matériel ; les soldats manquaient de vivres et avaient le plus grand besoin de repos. Les généraux en firent la demande à Saint-Just ; dans le conseil, Kléber fit observer qu'on allait voir arriver, avant dix jours, l'armée de la Moselle, dont nous parlerons bientôt, et qu'il n'y avait qu'à l'attendre, en s'occupant de réparer les pertes de l'armée, pour reprendre alors les opérations avec d'autant plus de vigueur. Mais l'implacable Saint-Just ne voulut rien accorder, à peine daigna-t-il répondre : *Il faut demain une victoire à la République. Choisissez entre un siège ou une bataille.* Il fallait choisir, on marcha, le 26 mai, sur Charleroi.

Malgré les succès qu'il venait de remporter, le prince de Kaunitz avait été remplacé par le prince d'Orange dans le commandement. Les troupes alliées étaient sur la Sambre, pour en défendre le passage ; elles occupaient en outre, au-dessus de Marchiennes-au-Pont, le camp retranché de la Tombe, qui couvrait Charleroi. Kléber et Marceau étaient chargés de l'attaquer, et le général Fromentin d'emporter le pont de Lernes. Ces deux attaques manquèrent par l'excessive fatigue des troupes, qui montrèrent de l'hésitation et restèrent exposées au feu le plus vif, plutôt que d'avancer. A la nuit, les ennemis évacuèrent cependant le camp, en ne laissant dans Marchiennes qu'un poste fortifié. » (SOULT.)

— Ce dernier alinéa explique comment notre sergent va parler de retraite après avoir parlé d'une victoire qui était sans doute un avantage partiel sans résultat sur l'ensemble de la journée.

la Sambre et campé devant le bourg de Fontaine l'Évêque.

28. — Levée du camp. Nous avons attaqué à une heure du matin pour favoriser le siège de Charleroi. L'attaque a été vive et s'est engagée par le feu des tirailleurs. Leur cavalerie, qui ne voyait que des tirailleurs, a chargé sur eux ; ce brouillard l'empêchait de voir les bataillons qui étaient embusqués derrière les haies. Lorsqu'ils ont vu que la cavalerie était à une demi-portée de fusil, ils ont fait un feu de file. Plusieurs tués, quelques prisonniers ; le reste a pris la fuite. Nous avons suivi, nous avons rencontré leur infanterie qui n'a pu résister à notre ardeur, nous avons fait beaucoup de prisonniers, nous avons pris deux pièces de canon avec leurs caissons tout attelés. — Après cette conquête, nous sommes revenus à notre position près de Fontaine l'Évêque ; étant arrivés, nous avons reçu ordre de nous rendre au camp de Baudribut où était le parc ; arrivés à l'entrée de la nuit, nous y sommes restés quelques jours.

30. — Nous avons levé le camp à deux heures du matin et passé la Sambre pour la dernière fois à quatre heures. Nous sommes venus nous placer à la gauche de Fontaine l'Évêque. A midi, l'ennemi s'est avancé sur deux de nos compagnies qui étaient en avant ; il voulait les surprendre. Nos bataillons, qui ont

aperçu la manœuvre, se sont mis en bataille et se tenaient prêts à marcher, lorsqu'un éclaireur est venu nous dire qu'ils battaient en retraite. Sur-le-champ on s'est mis en marche pour les poursuivre ; leur cavalerie d'arrière-garde a voulu nous charger, pour retarder notre marche, mais elle a été reçue d'une manière républicaine; une décharge leur a fait bien vite partager la retraite.

2 *messidor*. — Nous avons suivi l'ennemi sans trouver de résistance ; ils nous laissent plusieurs pièces de canons et caissons tout attelés. Notre cavalerie fait un grand nombre de prisonniers à l'infanterie autrichienne. La nuit suspend la victoire, mais elle en prépare une nouvelle en nous laissant faire des contremarches à la faveur de son obscurité pour se disposer au combat dès la pointe du jour.

7. — L'ennemi s'est montré en force pour débloquer Charleroi, mais nous avons porté obstacle à son dessein.

Le feu a commencé à quatre heures du matin et a durée une partie de la journée.

Nuit passée sous les armes à la gauche du camp de Trazegnies. — Partis de ce camp à trois heures du matin pour aller nous réunir à l'armée de la Moselle. En marche, on nous a fait rester dans un chemin couvert, devant un village, pas bien loin de Charleroi. C'est dans cet endroit que nous avons appris la reddition de la place (du 7 messidor, à onze heures du matin) avec cinquante mille hommes[1], quatre-vingts bouches à feu et plusieurs petits magasins. Sortie le même jour, la garnison a déposé devant nous ses armes ; elle a été de suite escortée et conduite en France. Cette ville a été bombardée sans que nous fassions beaucoup de retranchements, car elle a été débloquée plusieurs fois.

8. — Nous sommes sortis de notre chemin couvert pour nous opposer au défilé des colonnes

1. Chiffre singulièrement exagéré. Soult rapporte un triste épisode du siège : « Le colonel Marescot dirigeait les opérations du génie, sous les yeux des généraux Jourdan et Hatry ; on avait un équipage d'artillerie suffisant, et les représentants Saint-Just et Lebas se tenaient au pied de la tranchée pour presser les travaux. Un jour, ils visitaient l'emplacement d'une batterie que l'on venait de tracer : « A quelle heure sera-t-elle finie ? » demanda Saint-Just au capitaine chargé de la faire exécuter. — Cela dépend du nombre d'ouvriers qu'on me donnera, mais on y travaillera sans relâche, répond l'officier. — Si demain, à six heures, elle n'est pas en état de faire feu, ta tête tombera !... » Dans ce court délai, il était impossible que l'ouvrage fut terminé ; on y mit cependant autant d'hommes que l'espace pouvait en contenir. Il n'était pas entièrement fini, lorsque l'heure fatale sonna, Saint-Just tint son horrible promesse : le capitaine d'artillerie fut immédiatement arrêté et envoyé à la mort, car l'échafaud marchait à la suite des féroces représentants. Si nous n'avions pas remporté la victoire, la plupart de nos chefs auraient subi le même sort. Nous apprîmes plus tard que Saint-Just avait porté sur une liste de proscription plusieurs généraux de l'armée, et qu'il m'y avait compris, quoique je ne fusse encore que colonel. — Jourdan devait être sacrifié le premier : il avait remplacé Hoche dans le commandement, et il avait, comme lui, encouru la haine du représentant par la courageuse résistance qu'il opposait à ses volontés, lorsque la présomptueuse ignorance de Saint-Just prétendait diriger les opérations militaires. (Soult.)

autrichiennes pour nous cerner. Ce jour-là ils avaient réuni leurs forces de part et d'autre, pour nous donner une *chasse*, et faire lever le siège de Charleroi qui était rendu ; mais il n'en étaient pas instruits, car ils avaient si bien jeté leur plan qu'ils cherchaient à nous prendre entre deux feux. Il n'y avait plus à balancer ; le combat a commencé à huit heures du matin par une forte canonnade, de toutes parts, avec une rapidité sans égale, comme jamais on ne l'avait entendu jusqu'alors. Notre courage semblait déjà nous annoncer la victoire, mais hélas ! dans un feu si terrible et si opiniâtre, les munitions ont manqué. Il fallut donc battre en retraite et nous retirer plus vite que nous n'aurions voulu, rencontrant des obstacles, des fossés, un village dont les rues étaient si étroites que la troupe ne savait où passer et se voyait presque au pouvoir de l'ennemi. La colonne autrichienne s'avançait avec rapidité pour nous prendre en flanc. Mais nous avons été plus tôt qu'elle au sommet de la montagne, et nous avons usé le peu de munitions qui nous restaient. Nous avons retardé leur marche. Je dirai que, en montant cette montagne, il tombait parmi nous des boulets, obus et balles comme grêle, mais cela a fait très peu d'effet, quoiqu'ils soient bien près de nous. Nous avons perdu très peu de monde et, grâce à la reddition de Charleroi, nous avons battu en retraite sous ses glacis. La retraite de notre colonne, qui était celle du centre, a été favorable à la défaite de l'ennemi qui s'est trop aventuré en nous poursuivant, et s'est trouvé pris en flanc. Il ne s'est retiré qu'avec peine et pertes [1].

Lors du siège de Charleroi, un canonnier du régiment de Suède s'écriait en mourant : « Cobourg, Cobourg, avec tes nombreux florins, tu n'auras pas payé une goutte de mon sang ; je

1. Le maréchal Soult complète ainsi le récit de cette journée. « Il était sept heures du soir. Depuis quelques moments, le combat avait cessé aux ailes ; on le laissa finir au centre sans poursuivre les ennemis. Épuisés de fatigue et de besoin, les soldats pouvaient à peine se tenir debout, et ils manquaient aussi de munitions. Il n'y avait aucune possibilité de continuer la poursuite, quelques avantages qu'on eût pu recueillir ; officiers et soldats, tous s'écriaient : « Un pont d'or à l'ennemi qui s'en va ! » et l'on donna aux troupes un repos indispensable.

Le lendemain, il n'y eut point de mouvement : il fallait se remettre d'une pareille journée et ramasser les débris qui couvraient le champ de bataille. On compta les pertes : les nôtres s'élevèrent à près de cinq mille hommes hors de combat, et, par le nombre des morts, on évalua celles de l'ennemi à plus de sept mille hommes ; de part et d'autre il n'y eut que peu de prisonniers. Parmi ceux que nous fîmes, il se trouva des Français, faisant partie du régiment Royal-Allemand et de celui de Berching-hussard, auxquels la loi rendue contre les émigrés pris les armes à la main était applicable. Pas un soldat n'eut la pensée qu'il fût possible de livrer à l'échafaud ceux que nous venions de combattre face à face. Pendant la nuit, nous leur facilitâmes les moyens de s'échapper, en nous bornant à leur dire qu'ils fussent ailleurs expier l'erreur de s'être armés contre leur patrie ; plusieurs revinrent plus tard se placer dans nos rangs. On a sauvé ainsi, dans le cours de la guerre, un grand nombre de Français qui étaient dans le même cas, et ils ont reçu parmi nous protection et avancement ; beaucoup d'entre eux ont ainsi obtenu d'être éliminés de la liste fatale et de rentrer dans leurs biens confisqués. Nous devons croire qu'ils en ont conservé de la reconnaissance. »

le verse tout aujourd'hui pour la République et pour la liberté. »

Tous ceux qui ont perdu la vie dans ce siège n'ont donné, au milieu des douleurs les plus aiguës, aucun signe de plaintes. Leurs visages étaient calmes et sereins ; leur dernière parole était : Vive la République ! C'est au lit d'honneur qu'il faut voir nos guerriers, pour apprendre la différence qui existe entre les hommes libres et les esclaves. Les valets des rois expirent en maudissant la cruelle ambition de leurs maîtres. Le défenseur de la liberté bénit le coup qui l'a frappé ; il sait que son sang ne coule que pour la liberté, la gloire et pour le soutien de sa patrie.

A la colonne de gauche et à celle de droite, qui était l'armée de la Moselle, le canon n'a cessé de ronfler toute la journée. Le combat a été sanglant comme il n'avait jamais encore paru [1]. Deux fois la colonne de droite a été repoussée, et deux fois elle a remporté la victoire ; elle leur a pris quinze pièces de canon de tout calibre. La colonne de gauche a eu le même succès. Des fois,

1. Ceci est bien confirmé par le récit du maréchal Soult : « Dans nos rangs, l'enthousiasme allait croissant avec le danger ; depuis le commencement de l'action, et pendant toute sa durée, le cri de ralliement de l'avant-garde fut toujours : « Point de retraite aujourd'hui, point de retraite ! » Aussi, tout ce qui vint se heurter contre elle fut-il brisé. Environnée de sanglants débris, son camp en flammes, la plupart de ses canons démontés, ses caissons faisant explosion à tout moment, des monceaux de ca-

qui croit vaincre est vaincu ; avec leurs grandes forces ils cherchaient à nous bloquer, et ils ont été pris quand même.

Nous avons perdu quelques braves républicains, mais on pourra juger de la perte de l'ennemi, toujours grande pour celui qui est obligé de prendre la fuite. Cette journée a été une des journées victorieuses de la République, elle portera pour toujours le nom de *bataille de Fleurus*.

davres comblant les retranchements, les attaques les plus vives sans cesse renouvelées, rien n'était capable de l'intimider, pas même l'incendie de la campagne, qui nous environnait de toutes parts. Les champs, couverts de blé en maturité, avaient été enflammés par notre feu et par celui de l'ennemi ; on ne savait où se placer pour l'éviter ; mais nous étions bien déterminés à ne sortir que victorieux de ce volcan. »

Le courage des chefs avait, sur plus d'un point, seul pu maintenir les troupes, comme le montre bien cet autre passage :

« Avant six heures du matin, les alliés avaient fait des progrès, et les divisions des Ardennes repassaient la Sambre, dans un complet désordre, aux ponts de Tamine et Ternier, laissant leur général garder seul, avec ses officiers et quelques ordonnances, la position qu'elles venaient de quitter. J'avais été envoyé par le général Lefebvre, pour m'assurer de l'état de notre droite, et pourvoir aux dispositions que les circonstances exigeraient. Je joignis Marceau entre les bois de Lépinoy et le hameau de Boulet, au moment où les ennemis allaient l'entourer. Il les défiait, et dans son désespoir, il voulait se faire tuer, pour effacer la honte de ses troupes. Je l'arrêtai : « Tu veux mourir, lui dis-je, et tes soldats se déshonorent ; vas les chercher et reviens vaincre avec eux ! En attendant, nous garderons ta position à droite de Lambusart. — Oui, je t'entends, s'écrie Marceau, c'est le chemin de l'honneur ! J'y cours ; avant peu je serai à vos côtés. Deux heures après, il avait ramené les plus braves, et il prenait part à nos succès. » — Ces extraits donnent une idée de la phraséologie du temps ; on employait volontiers les grands mots dont on se moque aujourd'hui, mais les actes aussi étaient grands, ce que les moqueurs ne doivent pas non plus oublier.

Dans ce jour mémorable du 8 messidor, une infortunée délaissée de son mari qui avait émigré et n'ayant pas de quoi subsister était, sous des habits d'homme, avec son frère, à son rang de compagnie. La compagnie étant dispersée en tirailleurs, les tirailleurs ennemis, qui avaient eu un moment un peu d'avantage, sont venus charger les nôtres, dans la mêlée ; elle s'est trouvée avec peu de monde environnée d'un grand nombre d'Autrichiens. Elle s'en est tirée en brûlant la cervelle de celui qui la tenait, ne cessant de dire que jamais elle ne se rendrait, que sa vie était sacrifiée à sa patrie. Ces tyrans lui promettaient d'avoir égard à son sexe et de ne la prendre que comme prisonnière. Cette femme était, avec son frère, dans le 22e régiment de cavalerie, qui a réparé ce jour là la faute qu'il avait faite près de Grand-Reng.

Avant la prise de Charleroi, pendant que nous étions à bivouaquer sur les hauteurs de Fontaine-l'Évêque, l'ennemi ne se croyant pas en force se contenta de nous envoyer des boulets et des obus. Nous perdîmes plusieurs hommes, entre autres un tambour du bataillon. Un éclat d'obus traversa son sac de peau et son côté ; il resta mort sur la place ; deux autres soldats furent blessés du même coup. Un hussard Chamborant passant dans la place, prit la caisse du tambour et s'est mis derrière un chêne, battant la charge avec le manche de son couteau, ce qui a mis l'ennemi en fuite.

9. — Nous sommes venus prendre les positions que nous avions auparavant.

12. — Nous avons marché toute la journée pour aller bivouaquer devant la ville de Binche. Arrivés à onze heures du soir, nous avons passé le reste de la nuit sous les armes. L'attaque a commencé par une forte canonnade.

15. — Nous sommes partis pour attaquer l'ennemi en retraite vers Mons. A huit heures du matin, les tirailleurs se sont avancés au pas de charge avec deux pièces, ils ont poursuivi les Autrichiens si vivement qu'ils n'ont pas eu le temps d'entrer dans la ville de Mons. Notre cavalerie s'est emparée des passages dans les environs de la ville et aussitôt des bataillons y sont entrés, baïonnette en avant. Dans cette journée on a fait environ deux cents prisonniers. — Les autres colonnes ont encore poursuivi pendant deux heures. La nuit a tendu ses voiles[1] ; il a fallu arrêter notre marche. Nous avons passé la nuit sous les murs de Mons.

16 — La ville rendue, nous avons été prendre position devant le village nommé Beausoir.

17. — Partis de cette position dès la pointe

1. Cette image poétique aurait lieu de surprendre si on ne se reportait aux chansons populaires d'autrefois où la mythologie jouait toujours un grand rôle.

du jour, croyant trouver les Autrichiens, mais nous avons fait cinq lieues sans rencontrer personne.

Campé devant Braine-le-Comte, situé sur la route de Mons à Bruxelles. Nous sommes entrés dans la ville avec les plus vifs applaudissements de tous les bourgeois qui faisaient entendre les cris : « *Vivent les soldats républicains français !* »

21. — Nous avons levé le camp pour continuer notre route. Nous sommes entrés dans la ville de Hal avec les mêmes applaudissements ; nous avons campé en avant de la ville jusqu'au 23. Nous sommes partis dès la pointe du jour, croyant trouver ceux qui nous menaçaient quelques jours auparavant. Notre avant-garde suffisait pour les faire disparaître.

23. — Nous sommes entrés dans la ville de Bruxelles, de même avec les plus vifs applaudissements de tous les bourgeois : « Vive les soldats républicains! » Comme nous étions à la tête de la colonne, nous sommes restés à la place, sous les armes, pendant que la colonne a défilé. Cela a duré toute la nuit.

24. — Le reste de la colonne a passé. De suite, on a fait entrer les troupes dans les casernes, mais la moitié restait toujours sous les armes. Notre bataillon était au quartier du Vieux Marché; et les deux autres bataillons étaient dans de grosses maisons bourgeoises. Il y avait avec nous le ré-

giment de Suède et le bataillon du Haut-Rhin. Nous étions sans aucune fourniture[1].

30. — Nous sommes partis à une heure du matin. Nous avons été camper devant Louvain. J'étais parti trois jours auparavant avec un piquet de vingt-cinq hommes pour escorter des bateaux que nous avons été chercher à Villebruck, sur le canal qui vient à Bruxelles. Nous avons été bien reçus dans cet endroit qui est à cinq lieues. Nous sommes arrivés le 30 avec ces bateaux chargés de foin et d'avoine pour les magasins de Bruxelles, et j'ai rejoint, avec mon piquet, la demi-brigade qui était campée devant la ville de Louvain.

1er *thermidor*. — Partis dès la pointe du jour, nous sommes venus nous placer devant la ville de Tirlemont, où nous avons trouvé notre ennemi, nous l'avons attaqué sans plus de cérémonie et nous l'avons poursuivi à deux lieues. Nous sommes revenus à notre position.

7. — Partis au jour, nous sommes allés nous placer devant la ville de Saint-Tron.

9 — Nous avons fait un mouvement, nous avons été camper dans une grande plaine assez près de Tirlemont, où nous entendons ronfler le canon de notre avant-garde, qui ne laisse pas à l'armée autrichienne le temps de se rallier.

1. Fournitures de casernement.

16. — Partis de ce camp, nous sommes venus au camp de Berlingen.

29. — Nous avons fait un mouvement d'un quart de lieue à l'entrée de la nuit. Nous avons traversé un village qui séparait notre camp du camp de Looz.

Toutes ces plaines où nous étions campés étaient retranchées du coté de l'ennemi par de fortes redoutes.

1er *fructidor.* — C'est dans ce camp que nous avons été amalgamés avec le régiment de Beauce et un bataillon du Haut-Rhin [1]. Les officiers et sous-officiers se sont assemblés ; on a fait la fête pendant deux jours, on a bu le vin d'alliance, on s'est juré de même que la fraternité règnerait entre nous jusqu'à la mort ; et comme on servait la même patrie, on s'est promis de vivre toujours en paix comme des frères et de vrais soutiens de la République française. Le numéro que cette demi-brigade a eu dans ce moment était 127 ; elle a été commandée en premier lieu par le général

1. « On avançait l'embrigadement. Cette opération importante se faisait avec la plus grande rigidité ; les généraux devaient choisir, sous leur responsabilité, parmi les chefs de bataillon, les plus capables pour les désigner comme chefs de brigade. Les instructions des représentants du peuple portaient : « Les grades ne sont pas la propriété des individus ; ils appartiennent à la République, qui a droit de n'en disposer qu'en faveur de ceux qui sont en état de lui rendre des services. » Trois fois plus forts qu'avant leur réunion, les nouveaux corps présentaient plus de régularité dans leur ensemble et plus de confiance en eux-mêmes.

de brigade Richard et le général de division Poncet.

Dans ce camp, nous avons appris la reddition de Valenciennes. On a trouvé dans cette place 227 bouches à feu et quantité de poudre et autres magasins bien approvisionnés, plus qu'on n'en avait trouvé lorsqu'ils avaient été livrés.

14 *fructidor.* — Nous sommes partis à deux heures du matin; nous avons été camper dans la plaine de Maestricht, et nous en étions encore à trois lieues en seconde ligne. La paille a été délivrée à toute la colonne.

On nous a annoncé la reprise de Condé; on a trouvé dans cette place 1,600 prisonniers, 130 bouches à feu, des munitions de bouche pour six mois, 6,000 paquets de cartouches, un très grand magasin de poudre à canon, 6,000 bombes, 6,000 boulets, et cette place en bon état de défense.

Le même jour, a passé dans notre camp un colonel anglais avec toute son escorte et trente chevaux, qui avaient été pris aux environs de Maestricht par notre avant-garde.

C'est dans ce même camp que nous avons fait la réjouissance de la reddition de toutes nos villes que les Impériaux nous avaient ravies: le Quesnoi, Landrecies, Valenciennes, Condé.

Voici la manière dont la réjouissance s'est faite dans l'armée de Sambre et Meuse. La fête a été annoncée à six heures du matin par trois coups de canon des pièces de position qui se sont trouvées dans chaque division. A sept heures et demie, les mêmes pièces ont répété la même chose. La musique de chaque demi-brigade était placée sur le front de bandière, où elle jouait différents airs patriotiques pendant toute la cérémonie. A huit heures et demie un feu de bataillon a été exécuté dans chaque division en commençant à la droite d'icelle. Ce feu fini, le général de brigade a passé devant chaque bataillon en criant : *Vive la République !* Nous nous sommes unis à sa voix. La distribution de l'eau-de-vie a été donnée à toute la troupe. L'ordre a été donné que chacun rentre dans ses baraques. Ce n'était pas sans en avoir besoin, car depuis minuit nous étions sous les armes.

1er *vendémiaire, an* III. — Nous sommes partis du camp, dont c'était la première fête *sans culottine*, pour nous rapprocher de Maëstricht, et nous joindre à notre avant-garde qui était sous ses murs et s'était vaillamment battue.

La ville de Maëstricht a été bloquée et cernée entièrement. Nous y sommes restés quelques jours, et de là nous nous sommes mis en marche. Nous avons passé la Meuse, au-dessus de Maëstricht sur des pontons, pour rejoindre notre avant-garde, et aller à la poursuite des Autri-

3.

chiens. Il est resté une partie de notre armée pour contenir la garnison de Maëstricht en attendant que nous ayions repoussé l'armée autrichienne au delà du Rhin. Nous avons marché plusieurs jours sans rencontrer aucun vestige de l'armée autrichienne.

Arrivés à une forte rivière nommée la Roër, c'est là qu'ils espéraient remporter la victoire et nous empêcher de passer. Ils étaient bien retranchés dans les endroits où on aurait pu passer. Malgré plusieurs obstacles qui se trouvaient devant cette rivière, nous n'avons pas hésité un seul moment pour attaquer.

La bataille a été sanglante aux deux partis, et a duré depuis le matin jusqu'au soir ; à la nuit, on a fait abandonner la rivière à l'ennemi. Nous avons eu dans ce jour plusieurs centaines d'hommes de blessés. Nos pièces de position, au nombre de quarante, étaient aux environs de la rivière et n'ont décessé de jouer ; la fusillade a fait de même. L'ennemi a répondu au feu d'enfer que faisaient les républicains. Le soir, lorsque le feu a cessé, nous nous sommes retirés un peu en arrière, dans la plaine qui touche la rivière, pour passer la nuit.

Nous les avons vus qui faisaient de grands feux, car ils brûlaient leurs baraques ; nous avons jugé par-là qu'ils allaient prendre la fuite. C'était réel : vers minuit, ils se sont mis en marche.

On a travaillé toute la nuit à faire des ponts avec des voitures, des chariots attachés avec des gros arbres, qui étaient sur le bord de la rivière; on a mis des planches sur ces constructions et le matin, à la pointe du jour, nous avons passé au milieu de leurs retranchements, qui étaient remplis de cuisses, bras et corps entiers qu'ils avaient laissés sans les enterrer. Plusieurs pauvres blessés criaient miséricorde; on les a portés de suite à l'ambulance avec les nôtres.

Notre colonne de droite avait passé la rivière avant nous. Nous avons été plusieurs jours pour arriver au Rhin, mais aucun Autrichien ne s'est trouvé devant nous. Le soir du passage de la rivière, le général de brigade Richard nous a annoncé la prise de Juliers avec vingt-quatre pièces de 27 en bronze. Depuis cette époque, nous n'avons plus vu d'Autrichiens que sur l'autre rive du Rhin, près de Düsseldorf. Notre dernier camp a été dans la plaine près de la ville de Neus. Voilà la manière dont nous avons fait la conduite à l'armée autrichienne avec les honneurs de la guerre, à grands coups de canon.

Notre voyage ne nous a pas été bien favorable : une pluie continuelle et froide, un vent qui

1. Ému par l'audace avec laquelle nos fantassins s'étaient jetés à l'eau pour forcer le passage de la Roër, malgré le courant de l'eau, l'encaissement de la rivière et les retranchements de la rive opposée, l'ennemi battit en retraite sur Cologne.

nous glaçait les sens, et point d'autre couverture que le ciel.

Notre ennemi est de l'autre côté du Rhin, tranquille, et nous, nous allons retourner sur nos pas pour aller faire le siège de Maëstricht[1].

Arrivés devant cette ville, on s'est tout de suite occupé à faire les travaux ; on a fait des redoutes pour soutenir et répondre aux sorties qu'ils pourraient faire pendant qu'on ouvrirait les boyaux ; on travaillait à ces ouvrages nuit et jour.

Malgré leur mitraille, nous avons ouvert les boyaux à une portée de pistolet de leur bastion. Nous y avons été, pour notre tour, cinq fois pour les ouvrir. On n'a pas perdu tant de monde que l'on croyait pour faire le siège d'une ville si forte. Notre commandant de bataillon a été blessé d'un éclat de grenade, et plusieurs officiers et soldats.

Tous les jours, les ouvrages se multipliaient, et nous rendions par ce moyen l'asile des assiégés plus étroit. Les jardiniers de la ville avaient planté beaucoup de légumes d'hiver dans leurs jardins ; mais c'est nous qui en avons fait la récolte. Tous les matins, ils se trouvaient enfermés plus étroitement; s'il n'y avait pas eu des fossés, nous aurions été les prendre dans leurs palissades.

1. Cette victoire de la Roër, qui fit honneur au général Jourdan et à ses troupes, assura en effet l'évacuation complète de la Belgique.

Les ouvrages allaient être achevés ; on a commencé à bombarder la ville le 12 brumaire ; cela a duré trois jours. Le 14, la ville de Maëstricht s'est rendue, à deux heures du matin. Un des officiers supérieurs de la ville est venu sur les bastions et a demandé le général qui commandait en chef le siège, pour capituler [1]. Pendant qu'on est allé le chercher, les canonnières et les bombardières redoublaient le feu jusqu'au moment où ils ont reçu l'ordre du général de le cesser. Au moment où il a demandé à capituler, le feu était dans un magasin d'huile, de lard, de farine, etc. A la pointe du jour, on voyait tous les bourgeois sur les remparts et plusieurs nous apportaient des bouteilles d'eau-de-vie.

Nous avons tenu Maestricht bloquée pendant quarante-quatre jours. Pendant ce blocus, les assiégés nous ont envoyé quarante-cinq mille boulets, trente-quatre mille tant bombes qu'obus, quatorze mille grenades. Ils nous envoyaient toutes ces pommes dans nos travaux, sans que cela fasse beaucoup d'effet.

Le feu cessé, on a été trois jours pour arranger la capitulation. La garnison est sortie de la ville le 17 brumaire; entre dix et onze heures du matin, les troupes impériales sont sorties

1. Mais il n'y eut que onze jours de tranchée ouverte. La garnison se comporta vaillamment. On trouva dans la place 350 bouches à feu et un matériel considérable.

par la porte d'Allemagne, et ont passé la Meuse au milieu des assiégeants, qui formaient la haie de chaque côté de la route où ils devaient passer. Ils sont sortis avec les honneurs de la guerre : tambour battant, mêche allumée et enseigne déployée. Lorsqu'ils ont été presqu'à la fin de la colonne, ils ont déposé leurs armes devant nous ; la cavalerie et l'infanterie ont emporté leurs sabres. Il y avait de la troupe toute prête pour les conduire au delà du camp.

La troupe hollandaise est sortie le même jour, mais un peu plus tard, car il fallait le temps à la colonne française de venir se placer en haie sur la route par laquelle ils devaient passer, qui était d'une extrémité de la ville à l'autre. Ils sont sortis de même avec les honneurs de la guerre comme la troupe autrichienne. Ils ont été reconduits dans leur pays par nos chasseurs à cheval, ils ont conservé leurs sabres comme la troupe impériale. Les officiers composant la garnison de Maestricht ont emmené leurs chevaux et tout leur bagage.

La ville de Maëstricht est très forte ; elle a un fort qui la commande et qui la défend. La Meuse flotte contre ses murs, et donne de l'eau dans ses fossés ; elle a aussi des forts qui sont construits dans le milieu de la Meuse, qui défend son approche du côté de l'Allemagne. Il y a dans les environs de grandes plaines très fertiles en blés, orge, avoine, pommes de terre, etc.; elle est frontière de la Hollande.

C'était le général Kléber qui commandait le siège en chef; nous étions du côté gauche de la ville, sous les ordres du général Duhesme.

18 *brumaire*. — Nous sommes partis des alentours de Maëstricht pour aller sur les bords du Rhin.

20. — Nous avons passé dans la ville de Juliers, jolie petite ville très fortifiée; les maisons d'une assez belle construction, les rues très larges. Il y a aussi de très belles plaines très fertiles en blés et en toute sorte de grains; on y boit aussi de bonne bière, on y récolte aussi de très bons fruits. Cette ville est la capitale du duché de son nom.

22. — Nous sommes arrivés à Cologne; nous y avons campé en arrivant.

29. — Nous sommes sortis de ce camp pour aller cantonner sur le bord du Rhin au village nommé Langel. Nos postes étaient placés sur le bord du Rhin; nous étions une compagnie par ferme, très serrés à cause de la grande quantité de troupes qui étaient dans les environs. J'ai été voir la ville de Cologne; elle est très grande, bien peuplée, les rues larges; il y a une quantité de clochers. J'ai remarqué que sur une tour très haute, il y avait une grue peinte en vert. Le

Rhin flotte contre les murs, et fait une partie de leur commerce. La ville n'est point fortifiée, elle est entourée d'un simple mur très haut. C'était là que l'électeur faisait sa résidence.

12 *frimaire*. — Sortis de Hangel pour passer à la droite de la Logne. Suivant les bords du Rhin à une demi-lieue de la Logne, nous cantonnons au village nommée Nille ?

Nous avons reçu des ordres pour nous rendre à Bonn, soi-disant pour passer le reste de l'hiver ; nous sommes partis le 15 ; lorsque nous avons été près des murs de ladite ville, nous avons reçu des ordres pour aller cantonner dans les villages à une lieue et demie à la droite de Bonn. Nous sommes arrivés dans ces cantonnements le 17, dans un village nommé Melheim, situé sur le Rhin. Notre état-major est resté dans ce village; notre compagnie a été détachée à une demi-lieue en arrière à un village nommée Lanesdorf, situé auprès de grosses montagnes ; nous montions tout de même la garde sur le Rhin.

Quel froid nous avons enduré étant de garde dans ces endroits !

Des sentinelles sont mortes en faction ; cependant on les relevait toutes les demi-heures. Le Rhin était tout en glace ; pendant vingt-quatre heures, on était obligé de jeûner, car nos vivres étaient gelés, durs comme de la pierre. Je ne veux pas peindre les maux que nous avons soufferts dans ces différentes occasions ; ils seraient faits pour attendrir un cœur de roche. Que l'on se souvienne de la rigueur des froids des différents hivers, de la rareté des vivres et du vêtement ; cela suffira pour dire que nous avons été malheureux.

17 *nivôse*. — Sortis de ce cantonnement pour aller au village nommé Kessing, à une demi-lieue de Bonn. Étant dans ce village, je suis allé voir la ville de Bonn ; je dirai qu'elle est très belle : des rues larges et bien propres, des maisons d'une belle construction, très éclairées, de belles places bien grandes, un superbe château à l'entrée de la ville, situé au midi et appartenant à l'électeur. Le Rhin flotte contre ses murs ; elle n'est fermée que par des petits remparts, très bien construits. Dans les environs de la ville, il y a de belles avenues de maronniers et de tilleuils, environnées de belles plaines.

Étant au village de Keising, nous avons fait l'anniversaire de la mort de Capet. Cela a eu lieu le 2 pluviôse, à dix heures du matin. Le bataillon étant ressemblé, on a fait trois décharges et les pièces d'artillerie en ont fait de même. Cela s'est fait dans l'armée de Sambre-et-Meuse, dans nos cantonnements sur le bord du Rhin.

Nous sommes partis de Keising le 5 pluviôse 1795 (vieux style). Journée odieuse et fatigante pour aller à Aix-la-Chapelle. Au moment où nous nous sommes mis en route, il tombait de la pluie; il y avait longtemps qu'il faisait de fortes gelées ; ce jour-là il paraissait faire un dégel universel. Jamais Français et autres n'ont vu une pareille journée, elle a duré vingt-quatre heures. Toute la troupe était fatiguée. On enfonçait dans la terre jusqu'aux genoux, on faisait trois ou quatre pas, et il fallait s'arrêter pour reprendre haleine ; aussi plusieurs soldats y ont perdu la vie, et même les chevaux, avec rien sur leur dos, avaient bien de la peine à s'en tirer. Ce n'était pas cependant dans des marais, c'était dans des champs de gravier ; on aurait préféré marcher dans l'eau jusqu'aux reins, plutôt que dans de pareils chemins ; mais il n'y avait pas de choix ; il fallait que la route se fasse.

Nous avons été dans cette triste situation depuis le matin jusqu'au soir à la nuit. Étant arrivés à une petite ville nommée Bruhl, toute la demi-brigade n'y a pu loger. Il était nuit ; il nous a fallu aller loger à une demi-lieue de Bruhl, dans un village. Pour faire cette demi-lieue, nous avons été deux heures; en arrivant, les billets de logement nous ont été distribués, mais on a eu bien de la peine à les trouver, par rapport à la nuit.

Le lendemain, la route était plus favorable, la gelée avait remplacé le dégel, la nuit avait raffermi la route, et le matin il tombait de la neige qui a duré jusqu'à midi. Nous sommes partis de nos logements à sept heures du matin vers Aix-la-Chapelle. Nous avons logé en y allant à Norwenig, à Duren, à Eschviller. A Aix-la-Chapelle, nous avons logé chez le bourgeois. Nous y sommes restés un mois pendant lequel les officiers et sous-officiers ont été plusieurs fois chez le général de division Poncet pour apprendre la théorie.

L'armée de Sambre et Meuse passait alors pour être si peu disciplinée, parmi les Français, que l'on croyait que les généraux n'osaient livrer aucun combat faute de discipline et de subordination. Le tout venait de la part des ennemis de la liberté, qui cherchaient à mettre le désordre parmi nos troupes, en faisant naître l'idée que le droit de la guerre était de piller tout pays conquis.

Mais le Français a su se comporter plus vaillamment, car c'est la discipline qui a fait tous nos succès, et qui a excité l'admiration de toute l'Europe. Voilà pourquoi les ennemis de la République voulaient nous entraîner au pillage; les perfides savaient bien qu'une armée sans discipline est une armée vaincue; ils savaient par eux-mêmes que des brigands ne sont jamais qu'une troupe de lâches. Nous avons démenti cette calomnie par notre conduite; l'amour de l'ordre et de la discipline, le respect pour les personnes et les propriétés, distingueront toujours l'armée de Sambre et Meuse.

Voici un discours du représentant du peuple Gillet aux habitants d'Aix-la-Chapelle, qui prouve la générosité des Français :

« Habitants d'Aix-la-Chapelle,

» Des actes de cruauté ont été commis dans votre ville envers des soldats français lors de la retraite de l'armée au mois de mars 1793; des soldats malades et blessés ont été jetés par les fenêtres dans la rue; d'autres ont été fusillés par des bourgeois qui se tenaient cachés dans leurs maisons. Nous n'userons point des droits que pourraient nous donner de justes représailles.

« Si les ennemis de la France se sont couverts de tous les crimes, le Français s'honorera toujours d'être généreux. Mais le sang de nos frères cruellement massacrés demande vengeance. Sans doute ces actes de barbarie ont été désavoués par la majorité des citoyens, et ne peuvent être l'ouvrage que d'un petit nombre. Nous demandons que les coupables nous soient livrés dans les vingt-quatre heures; vous nous devez cette justice, vous la devez à vous-mêmes sous peine d'être réputés complices des plus atroces forfaits.

Signé : « GILLET. »

Le 10 ventôse, nous avons célébré la fête de la prise de la Hollande[1], et, ce même jour-là, les nobles et ceux qui avaient des titres de noblesse les ont brûlés en notre présence, sous les armes.

Je dirai qu'Aix-la-Chapelle est très grand et bien peuplé; il y a beaucoup de manufactures en tout genre; on y trouve de bonne eau vulnéraire pour boire et prendre des bains; il y a de belles maisons très élevées, de belles rues larges et de belles grandes places. Elle n'est fermée que de plusieurs simples murs; c'est une ville très ancienne.

Nous sommes partis d'Aix-la-Chapelle le 11 ventôse pour aller cantonner aux environs d'Aix-la-Chapelle, au bourg nommé Eschviller; notre compagnie a été détachée à un village nommé Nolberg.

Je dirai que dans les campagnes de ces pays, ils sont assez à leur aise. Ils vivent bien avec de la choucroute, du bon lard; leur soupe est faite avec de l'orge mondé, de la viande de bœuf salé; ils mangent beaucoup de carottes, de navets; prennent le matin beaucoup de café avec du beurre frais et des confitures; leur boisson est de la bonne bière et du *chenik*. Leurs maisons sont

1. Le 29 février 1795, la Hollande était en effet conquise et, le 16 mai suivant, elle signait avec la France un traité d'alliance qu'elle observa fidèlement jusqu'au jour où Napoléon voulut imposer un roi à la nation que la République avait respectée.

très propres, lavées tous les samedis ; leur batterie de cuisine est en fer noir et jaune, très bien éclaircie, et même leur crémaillère; pincettes et pelle à feu, tout est dans la plus grande propreté. Le sexe des deux sortes y est très affable ; les hommes, leur costume n'est pas différent du nôtre ; mais les femmes ont un déshabillé assez long ; pour coiffure, des petits bonnets de velours ou autre couleur, bordés sur le devant avec une dentelle en or ; leurs cheveux en plusieurs tresses qu'elles roulent derrière leur bonnet comme un escargot et tenus avec une grande épingle en argent, large comme les deux doigts. Leur parler est l'allemand. Tout ce pays est très fertile pour toutes choses.

Nous sommes partis de Nolberg le 25 ventôse pour revenir sur les bords du Rhin ; nous avons logé en y allant à Duren, à Norwenigbourg, à Bruhl-ville. De là, nous avons été prendre nos cantonnements sur le bord du Rhin, au village nommé Nieder-Weslingen. C'était le 27 ; dans cet endroit on nous a diminué les vivres; nous avions par jour une livre de pain et une once de riz ; avec ces vivres nous étions une partie de la nuit sur pied et montions la garde d'un jour à l'autre. Voilà comme les soutiens de la patrie avaient toutes leurs aises.

7 *germinal.* — Sortis de Nieder-Weslingen. Ce jour-là, nous avons appris le traité avec le roi

de Prusse[1]. Notre marche était dirigée sur Coblentz. Nous avons logé, en y allant, à Bonn, à Breisig, à Kretz. Là nous sommes restés huit jours.

16. — Arrivés à Coblentz où nous n'avons pas logé; notre logement a été à gauche de la ville, au village nommé Kesselheim, situé sur le bord du Rhin.

17. — Entrés dans la ville de Coblentz à huit heures du matin. Nous avons été logés dans des maisons d'émigrés toutes dévastées, et à peine avions nous de la paille pour reposer nos pauvres membres tout navrés de fatigue, avec notre livre de pain et notre once de riz[2]. Bien des fois, on ne pouvait pas avoir du pain et très peu de viande bien maigre; nous ne pouvions trouver aucune chose pour notre papier, car personne ne s'en souciait, et pour un pain de trois livres, il fallait donner vingt-cinq francs en papier[3].

La ville de Coblentz est grande et très peuplée; il y a beaucoup de rues très larges, mais

1. Ce traité ne fut signé que le 5 avril 1795 à Bâle. La Prusse nous abandonnait alors toutes ses possessions de la rive gauche du Rhin.

2. Le maréchal Soult servait alors comme colonel dans la division de notre sergent. Il dit aussi : « Nous souffrîmes beaucoup par le manque de subsistances, au point qu'on fut obligé de réduire la ration d'un tiers. » (*Mémoires*, t. I, p. 209.)

3. Dépréciation inévitable par suite du cours forcé qui fit tirer de 1790 à 1796, pour *quarante-cinq milliards* d'assignats. On sait que les vingt-quatre milliards encore en circulation lors de la liquidation définitive furent échangés contre *huit cent millions* de biens nationaux.

aussi il y en a où les voitures ne peuvent pas passer; il y a de belles places et principalement la place d'Armes, entourée de bornes de pierre avec de grosses chaînes de fer.

Deux rangs de tilleuls forment un berceau couvert tout autour de la place; elle est environnée de belles grosses maisons très hautes et d'une belle construction. Et même dans une partie de la ville, en sortant de la place d'Armes, on voit un boulingrin et une superbe maison toute neuve, que l'Électeur de cette ville a fait bâtir; elle nous servait d'hôpital du temps que nous étions dans ces contrées. Cette maison est sur le bord du Rhin, environnée de grands jardins nouvellement plantés. Il y a aussi de magnifiques promenades. Cette ville est du côté du nord, bornée par la Moselle qui tombe de là dans le Rhin, vis-à-vis du fort, et, au levant, le Rhin flotte contre ses murs. Cette ville avait de forts bastions et de gros cavaliers qui défendaient son approche, entre le Rhin et la Moselle; ces fortifications ont été démolies dans le temps que nous étions là, de sorte qu'elle n'est maintenant fermée que d'un simple mur, du côté du Rhin. Il y a un fort très haut qui peut brûler la ville; c'est un morceau qui ne peut être pris que par la famine. Les Français y sont entrés lorsqu'ils ont poussé l'armée autrichienne au delà du Rhin.

Nous avons construit des forts et des retranchements bien palissadés à une demi-lieue de la ville entre la Moselle et le Rhin, dans la plaine.

Le costume des deux sexes est le même que celui d'Aix-la-Chapelle.

5 *floréal*. — Partis de Coblentz à deux heures du matin pour nous rendre à Rhense, ville située sur le Rhin, sur le versant d'une petite colline. — Quelques jours avant de sortir de Coblentz, on nous a annoncé la paix avec le roi de Prusse, ce qui a donné bien du contentement à toute la troupe de voir que leur ouvrage commençait à produire[1].

10 — Partis de Rhense pour revenir à Capellen, sur le bord du Rhin, au pied de grosses montagnes.

18. — Partis de Capellen pour revenir camper sur une hauteur près de la ville de Coblentz, à droite du camp nommé le camp de la Chartreuse; il portait le nom du couvent qui était sur le bout de la montagne, près de la ville. Ce couvent était tout dévasté et servait à mettre les chevaux de l'artillerie. C'est dans ce camp que nous avons encore fait pénitence. La misère augmentait tous les jours pour les défenseurs de la patrie; nous avons été réduits à douze onces de pain par jour, et bien des fois on ne pouvait pas en avoir. Il fallait cependant faire son

1. Voir la note du 7 germinal, page 59.

service, bivouaquer et monter la garde très souvent. Mais le printemps nous produisait des plantes pour un peu nous soutenir, qui étaient des feuilles de pois sortant à peine de terre, des coquelicots ou *feu-d'enfer*, du sarrasin, des pissenlits. Avec tous ces herbages, nous en faisions une farce que nous mangions en guise de pain; et lorsque le seigle est venu en grains, on allait lui couper la tête et on le faisait griller sur le feu. Les pommes à peine défleuries nous servaient aussi de nourriture.

C'était vraiment une grande misère, on voyait plusieurs soldats cachés derrière des haies, attendant que le laboureur qui plantait des pommes de terre fendues en quatre pour en récolter pour l'hiver prochain, fût parti de son champ. Aussitôt les soldats affamés parcouraient le champ, cherchant dans la terre les petits morceaux de pommes de terre, et revenaient au camp avec leur petite proie, et les faisaient cuire [1].

Huit ou dix jours après on reparcourait les champs, les morceaux de pommes de terre qui avaient échappés à la première recherche commençaient à sortir de terre; on les enlevait avec beaucoup de contentement de se voir quelques petits morceaux de pommes de terre pour se sauver la vie.

1 Dans ses *Mémoires* (tome I, page 287), le maréchal Soult accuse Pichegru « d'avoir laissé ses troupes à l'abandon, négligées

Le matin on battait la breloque pour le pain, la viande, mais on revenait souvent sans viande[1]. Le soir, à l'entrée de la nuit, pas tous les jours, on revenait avec un pain pour quatre hommes. Tout le monde sortait de ses baraques et la gaîté renaissait pour un moment dans le camp; dans la journée tout le monde était comme mort, sur sa pauvre paille, prenant la misère en patience et s'amusant à détruire sa vermine.

Après une misère pareille et des maux si longs et si pénibles, quelques-uns diront : « les soldats

et en proie à toutes sortes de privations pour mieux favoriser l'exécution du plan de trahison le plus odieux. « Il espérait ainsi désorganiser l'armée. En une autre occasion, Soult parle aussi des pommes de terre et en termes fort curieux :

« L'armée n'avait d'autre ressource pour vivre, que les pommes de terre que l'on trouvait dans les champs. A chaque halte, à peine les faisceaux étaient-ils formés, que les soldats se dispersaient dans les environs pour aller déterrer les pommes de terre. Un champ était bientôt récolté, et le repas était bientôt préparé au feu du bivouac. Le silence durait tant que durait cette importante occupation ; mais elle ne durait pas longtemps et les provisions étaient épuisées avant que la faim fut apaisée. L'inépuisable gaieté du soldat français revenait alors. Ne doutant de rien, parlant de tout, lançant des saillies originales et souvent même instructives, tel est le soldat français. Un soir, on parlait politique et des nouvelles de Paris ; le propos était tombé sur les grands hommes qu'on avait fait entrer au Panthéon ou qu'on en avait successivement fait sortir, suivant l'esprit du jour et l'influence du parti régnant. « Qui va-t-on y mettre aujourd'hui ? de« manda quelqu'un. — Parbleu, répondit son voisin, une pomme « de terre ! » — Et tout le monde d'applaudir à cette saillie, qui avait plus de portée que l'intention de son auteur n'avait probablement voulu lui donner. » (SOULT.)

1. Le tambour battait comme d'habitude la distribution à l'heure dite, mais cette distribution se réduisait souvent à rien ou à peu de chose.

ne sont que des voleurs. Voyez comme ils allaient dévaster les travaux des pauvres laboureurs! » Nous sentions bien la perte que nous causions, mais lequel pouvait-on préférer dans un pareil cas, de mourir? Non, mais je crois, de vivre et d'être utile !

Dans le courant de prairial, an III de la République française, les officiers, sous-officiers et soldats de la 127e demi-brigade de l'armée de Sambre-et-Meuse ont écrit à la Convention nationale, s'exprimant en ces termes :

« Que venons-nous d'apprendre? Quoi! les factieux s'agitent encore autour de la Représentation nationale; le reste impur des complices de la Terreur ose de nouveau provoquer au pillage, à l'assassinat, au mépris de l'humanité, à la violation des droits du peuple.

« Que veulent donc ces hommes téméraires? et quels sont leurs projets perfides, leurs avidités cruelles? Ils cherchent des prétextes. Mais ce n'est pas du pain qu'ils demandent, c'est du sang. Ils sont jaloux du repos du peuple, ils ont soif de son avenir heureux; leur rage scélérate veut ensevelir la liberté publique, sous les corps enlacés des victimes, et dominer sur ces débris.

« Législateurs, conservez l'attitude imposante que vous avez prise! rappelez-vous toujours ce qu'est le peuple et que le peuple ne veut pas être opprimé par une poignée de factieux ; songez que les agitateurs qui osent vous menacer, ne sont pas citoyens de Paris, et que les citoyens de Paris ne sont eux-mêmes qu'une petite fraction de la République !

« Si l'audace des uns croissait avec leur criminel espoir, et si le courage des autres s'amollissait par la crainte ; si les premiers oubliaient leur premier devoir et les derniers leur ancienne gloire ; s'il fallait enfin que des colonnes s'ébranlassent des armées victorieuses pour aller défendre la Convention nationale ; parlez, législateurs ! Nous volons autour de vous, les factieux ne parviendront jusqu'à vous qu'en marchant sur nos cadavres.

« Une république fondée sur les mœurs et sur la justice est impérissable comme la nature[1]. »

1. Cette adresse, vigoureuse sous sa forme ampoulée, faisait allusion à la *journée du 1er prairial* (20 mai 1795) qui avait vu la populace des faubourgs de Paris envahir la Convention nationale en tuant le député Féraud, aux cris de *du pain! la liberté des patriotes! la Constitution de 1793!* Quatorze députés Jacobins payèrent de leurs têtes cette insurrection, et, trois mois après, les clubs et sociétés populaires étaient dissous. Chaque insurrection parisienne plaçait nos généraux dans une situation difficile, comme va le montrer cette lettre du chef qui commandait alors l'armée de Rhin et Moselle ; elle est conçue en termes vraiment patriotiques:

« *Le général en chef Jourdan au général de division Hatry.*

« Andernach, le 7 prairial, an III.

« Je suis instruit, mon camarade, qu'il y a eu, le premier de cet mois, une insurrection à Paris, et que le peuple a occupé la salle

Le 22 prairial, on nous a annoncé la prise de Luxembourg. Les 29 et 30 prairial, et le 1er messidor, nous avons vu passer la garnison du dit Luxembourg, au nombre de douze mille, qui ont passé le Rhin à Coblentz, après avoir passé devant nous.

Le 9 du mois de thermidor, nous avons reçu

de la Convention jusqu'à onze heures du soir. Il parait cependant qu'à cette heure la Convention a repris le cours de ses séances. Il faut que l'armée agisse, dans cette circonstance, comme elle a agi toutes les fois que de pareils événements ont eu lieu; c'est-à-dire, qu'étant placée sur la frontière pour combattre les ennemis du dehors, elle ne s'occupe point de ce qui se passe dans l'intérieur, et qu'elle ait toujours la confiance de croire que les bons citoyens, qui y sont, parviendront à faire taire les royalistes et les anarchistes.

« Nous avons juré de vivre libres et républicains, et nous maintiendrons notre serment, ou nous mourrons les armes à la main. Nous avons juré de combattre les ennemis du dehors, tant que la paix ne sera pas faite. Nous tiendrons pareillement notre serment; nous resterons à notre poste, et nous combattrons avec autant de valeur qu'a la campagne dernière. Je suis persuadé que tels sont vos sentiments et ceux des troupes que vous commandez. Mais comme il est essentiel d'empêcher que des malintentionnés viennent répandre de fâcheuses nouvelles dans l'armée, comme il est essentiel de redoubler de surveillance, afin que l'ennemi ne puisse pas profiter du malheur de nos querelles intestines, il faut redoubler de zèle et d'activité, il faut que les militaires de tout grade soient toujours à leur poste, que le service des avant postes se fasse avec plus de surveillance que jamais, et que vous veilliez à ce que les convois qui passeront dans l'arrondissement que vous commandez, soient bien escortés. J'espère que l'attitude de l'armée en imposera à tous les ennemis de la République.

« Je vous communiquerai journellement les suites des événements, et vous invite à me faire part exactement des observations que vous ferez sur ce qui se passera dans les troupes que vous commandez. — Salut et fraternité.

« JOURDAN. »

trois drapeaux tricolores où était le numéro de la demi-brigade. Avec les républicains qui composaient ce corps, nous avons juré dans ce moment de ne jamais abandonner ces drapeaux qu'à la mort, comme nous avions fait jusqu'alors des précédents.

On nous a fait dans ce même moment du feu avec les morceaux des anciens qui avaient été fracassés au blocus de Maubeuge et au siège de Maëstricht ; ils ressemblent à des vieux guerriers qui étaient devenus bien caducs en acquérant de la gloire et en parcourant les champs de Bellone.

10 *thermidor*. — Partis du camp de la Chartreuse par une grande pluie qui a duré deux jours; les ordres étaient donnés pour nous rendre à Creutznach. Le 14, nous avons logé, en y allant, à Ventzenheim où nous avons eu séjour; le 15, à Kircheim-Bolanden. Dans cette ville, le prince de Weilburg a un superbe château de plaisance; il est environné de jardins où il y a des arbres de toute espèce, il y a un parc bien distribué : de belles cascades d'eau, des promenades bien agréables, et des pièces de gazon très bien garnies. La vue ne peut pas se contenter d'examiner toutes ces belles choses, qui semblent être faites par la nature.

16. — Logé à Pitzersheim. Avant d'arriver à ce village, on voit les tours de Mannheim; il est

seulement à trois quarts de lieues de Neustadt.

17. — A Neustadt ; 18, à Nuzdorff, premier village de France, venant de Coblentz et frontière du Palatin[1]. Ce village est très grand et situé à une demi-lieue de Landau.

19. — A Altenstatt, village à un quart de lieue de Wissembourg, où nous avons eu séjour.

21. — A Beinheim, village situé sur la route de Lauterbourg[2] à Strasbourg.

22. — Partis à sept heures du matin pour nous rendre au fort Vauban, seulement le premier bataillon ; les deux autres ont été camper dans la plaine de Beinheim. Nous avons relevé au fort un bataillon de la 92e demi-brigade, ci-devant d'Artois.

Cette place se nommait, avant la Révolution, le Fort-Louis ; elle ne pouvait être prise que par famine, mais elle a été livrée aux Prussiens en 1792. Les Français ont repris cette place, la même année, après le déblocus de Landau. Durant le temps que les Prussiens sont restés au dit fort, ils ont miné le quartier et autres fortifications[3].

1. *C'est-à-dire* du Palatinat.

2. La division Poncet, dont notre sergent faisait partie, devait, avec la division Marceau, rester en observation sur la rive gauche du Rhin.

3. Le 19 janvier 1793, les Autrichiens et non les Prussiens avaient en effet évacué le fort en faisant souter les fortifications. C'est après la levée du blocus que le duc de Brunswick écrivit au roi de Prusse cette lettre fameuse par laquelle il demandait son rappel en disant : « Lorsqu'une grande nation, telle

Au moment où il a fallu les abandonner, ils ont fait sauter toutes les mines; il restait encore quelques maisons où ils ont mis le feu en partant, de sorte que maintenant cette place est comme un désert. Nous étions logés dans des vieilles masures, comme tous le bataillon, parce que le Rhin avait débordé; et les baraques étaient encore pleines d'eau. Le mauvais air qui régnait dans cette place a fait que tout le bataillon, et même les deux autres, ont été pris de maladie; c'était comme une peste. Jusqu'à dix hommes par compagnie étaient obligés d'aller à l'hopital. car ils étaient attaqués d'une fièvre très violente. De soixante hommes que nous étions dans notre compagnies, nous sommes restés à deux qui n'ont pas été malades. La fièvre était mauvaise, car il y en a beaucoup qui en sont morts. Nous avons fait notre purgatoire dans cette place; nuit et jour nous étions tourmentés, il y avait des petites mouches que l'on nomme des *cousins*, qui nous faisaient bien de la peine, il y en avait si épais qu'on les auraient coupés avec des sabres; les puces et les poux n'y manquaient pas.

Étant dans cette place, nous avons fait la réjouissance de l'anniversaire de la Fédération. Le 23 thermidor [1], chaque pièce de canon a tiré

que la nation française, est conduite aux grandes actions par la terreur des supplices et par l'enthousiasme, une même volonté devrait présider à la *démarche* des puissances coalisées. »

trois coups, et chaque soldat de même. La réjouissance s'est faite de cette manière dans l'armée de Rhin et Moselle.

12 *fructidor.* — Sortis du fort; il est dans une île, et le Rhin passe tout autour. Les Prussiens avaient brûlé une partie du pont qui conduit à un petit fort qui est du côté de l'Alsace (il en porte le nom); ce pont traverse un bras du Rhin et conduit au grand fort; dans ce temps, pour y entrer, il n'y avait qu'un pont volant.

Sortant de cet endroit, nous avons été camper au camp près de Beinheim. Les gardes n'ont point été relevées en partant, à cause de la grande maladie; nous avons été relevés par un de nos bataillons.

14. — Nous sommes partis du camp pour nous rendre à Strasbourg. J'ai fait rencontre d'un vieux bourgeois qui m'arrête et me dit : « Mon ami, je ne peux m'empêcher de rire, vu le costume que la République vous donne, car vous ressemblez plutôt à un capucin qu'à un soldat. »

Je lui dis que l'habit ne faisait pas le moine et qu'il pouvait continuer sa promenade; qu'il ne serait plus si étonné, car il en verrait beaucoup de cette couleur. Il n'avait pas tout à fait tort,

1. Le 23 thermidor de l'an IV doit concorder avec le 9 août 1795, et la fête de la Fédération était célébrée le 14 juillet. Il paraît y avoir ici erreur de date.

car je portais une capote couleur marron que j'avais reçue devant Cologne [1].

Nous avons été loger chez le bourgeois en arrivant. Le 15, nous sommes entrés dans la caserne de Finkmatt.

Partis de Strasbourg le 16; les gardes n'ont point été relevées en partant, car il n'y avait point de garnison.

16 et 17. — Nous avons logé à Plobsheim et à Rhinau, villages situés à un quart de lieue du Rhin, mais tout de même nos postes y étaient établis. C'est dans cet endroit que j'ai commencé à faire le service de sergent-major.

19. — Nous avons pris les armes pour recevoir notre nouvelle Constitution; on nous en a fait la lecture, et étant finie, tous ceux qui savaient signer ont été signer le procès-verbal pour envoyer à la Convention, pour lui prouver le contentement que nous avions de l'ouvrage qu'ils venaient de nous achever. L'on est rentré de suite.

4 *complémentaire* [2]. — Partis de Rhinau pour la

1. Rien de plus capricieux que l'uniforme des armées de la République réduites à tout improviser avec les seules ressources des pays qu'elles traversaient. A une époque bien rapprochée, du reste, au siège de Paris en 1870, nous avons revu un bataillon mobilisé vêtu de capotes marron.

2. On sait que l'armée républicaine, composée de douze mois égaux de trente jours, avait cinq jours dits *complémentaires* pour les années ordinaires, et six pour les années bissextiles.

Wantzenau, grand village situé sur la route de Strasbourg à Lauterbourg.

1 *vendémiaire* an IV[1]. — Partis de la Wantzenau pour nous rendre à Offendorf, à un quart de lieue du Rhin, sur la gauche de Strasbourg.

28. — Partis d'Offendorf pour Berg, village près de Lauterbourg, à une demi-lieue.

2 *brumaire*. — Partis de Berg, pour Wœrth, village sur le Rhin. Dans tous ces endroits, depuis la Wantzenau jusqu'à Mannheim, je reconnais que la guerre a bien causé de la misère dans tous les villages et bourgs; l'armée impériale et la nôtre n'ont cessé de se battre le long de ces bords. Les villages sont dévastés; une partie des habitants a émigré lorsque l'ennemi est venu dans les environs de Strasbourg.

3. — Partis de Wœrth pour Spire, grande ville sur le bord du Rhin, dans le Palatinat. Cette ville n'est fermée que par de simples murs, mais cependant entourée de fossés remplis d'eau; c'est une ville très commerçante et environnée de grandes plaines. Notre logement dans cette ville était dans des maisons d'émigrés toutes dévastées; et, pour coucher, de la paille très courte. Nous sommes arrivés à dix heures du soir.

8. — Partis de Spire pour Otterstadt, toujours en descendant le Rhin.

1. 23 septembre 1795.

12. — Partis de Otterstadt pour Waldsee, village anciennement fortifié; maintenant on y voit encore les anciens fossés, une partie du mur et le cintre des portes.

13. — Partis de Waldsee pour Muhlrhein (?), à une demi-lieue sur la droite de Mannhein. Je suis allé voir cette ville; elle est peuplée, mais elle n'a pas beaucoup d'étendue; il y a de belles rues larges et très propres, et bien alignées; les maisons de toute beauté, hautes, mais pas plus l'une que l'autre; de chaque croisée on voit le rempart à chaque bout des rues; il n'y a point de carrefour.

Les rues et places sont très bien illuminées : de chaque côté des rues, à distance de trente pas, il y a un reverbère; la place est grande, et la maison du prince de Mannheim [1] est située sur la place. Les approches sont bien défendues par de bonnes avancées et de bons bastions garnis de forts canons. Dans ce temps-là, l'armée autrichienne en faisait le siège; les fortifications du côté du Rhin sont un seul rempart. Le pont qui traversait le Rhin était composé de cinquante-quatre gros bateaux; la longueur de ce pont était de huit cent quarante-quatre pieds; il y avait un fort qui défendait l'approche du Rhin de ce côté. Mais les Français l'ont démoli la première fois qu'ils ont pris cette

1. C'était, avant 1777, l'électeur palatin du Rhin. Ce fut ensuite le duc de Bavière.

ville ; ils ont de suite construit des batteries dans la même place pour battre la ville.

19. — Partis de Mannheim pour retourner sur nos pas[1], nous sommes venus au village de Waldsee où nous étions le 12. Étant dans ce village, les Autrichiens bombardaient la ville de Mannheim; le feu était dans le château du prince. Nos gens avaient été repoussés devant Mayence; toute l'armée battait en retraite. Il y a eu encore une forte bataille dans les environs de Frankendal; mais comme l'armée autrichienne était trois fois plus nombreuse que la nôtre, il a fallu leur céder le pas, et battre en retraite sur la ville de Landau, et Mannheim n'a pas tardé à être bloqué. Nous avons été obligés de nous retirer sur nos frontières ; l'armée autrichienne passait sur plusieurs points le Rhin et tentait de grands coups[2].

24. — Partis de Waldsee pour venir au camp près de Spire.

Partis de ce camp le 29. Comme nous étions dans un circuit du Rhin, l'armée autrichienne s'avançait à grands pas ; nous nous serions

1. Une attaque du maréchal Clairfayt déterminait en ce moment la retraite de l'armée de Rhin-et-Moselle, placée par Pichegru dans des positions intenables, et la place de Mannheim, abandonnée à elle-même, se rendait quelques jours après. Les lignes devant Mayence étaient forcées.

2. Elle était double de la nôtre qui avait vu une de ses quatre divisions écrasée. Les trois autres se retirèrent avec peine en perdant presque toute leur artillerie.

trouvés bloqués. Ils ne cherchent pas à nous faire abandonner le Rhin, et leur colonne se glisse le long des montagnes des Vosges.

Nous sommes donc sortis du camp à deux heures du matin pour nous rendre aux lignes de Guermersheim où nous sommes restés campés jusqu'au 9 frimaire. Dans cet endroit, les vivres nous ont manqué pendant cinq jours de suite à cause du grand nombre de troupes, et il n'y avait encore aucune administration d'établie pour les vivres. Pendant ces cinq jours, nous nous sommes nourris avec des pommes de terre que nous allions chercher sous la neige, dans des trous, au milieu des champs de cultivateurs.

9 *frimaire.* — Partis de ce camp pour entrer en cantonnement à Belheim, grand village situé sur les lignes de Guermersheim.

16. — Partis pour aller cantonner au village de Hœrdt, mais nous bordions toujours les lignes qui aboutissaient au Rhin.

20 *nivôse.* — Partis de ce village pour faire un mouvement vers Strasbourg. Le même jour nous avons été loger à Auenheim, village en arrière du Rhin.

Partis de Auenheim par une grande pluie, avec un dégel qui nous faisait une bien mauvaise route.

1. Un armistice fut conclu quelques jours après fort à propos pour l'armée de Rhin-et-Moselle, très réduite en hommes et en chevaux.

Le 22, à sept heures du matin; nous avons logé à Hagenbach, bourg, nous y avons eu séjour.

24. — Partis pour Neubourg; grand village sur le Rhin, environné de marais.

28. — Partis pour Berg, à une demi-lieue de Lauterbourg, là où nous avions logé en allant à Mannheim. Étant dans ce village, il est venu un arrêté du Directoire exécutif pour que toutes les troupes de la République prennent les armes le 2 pluviôse, et renouvellent le serment d'être fidèles à la nation française, et de même pour célébrer l'anniversaire de notre dernier roi de France. C'est ce que nous avons exécuté le 2 pluviôse 1796. — J'ai cessé le service de sergent-major.

17 *pluviôse.* — Partis de Berg pour Niderrœdern où nous sommes arrivés le même jour.

20. — Partis pour Souffelnheim.

21. — Partis pour Bischwiller, bourg à cinq lieues à gauche de Strasbourg.

22. — Partis pour Reichstett, village sur la route, à une demi-lieue de Strasbourg.

29. — Nous nous sommes mis en route pour nous rendre à la Wantzenau à deux lieues à gauche de Strasbourg.

30. — Partis pour nous rendre à la plaine près de Kirchheim, en arrière du Rhin et à trois lieues de Strasbourg. C'était le lieu de rassemblement où la 127e et la 91e se sont réunies pour former des deux une seule demi-brigade.

Voici la manière dont cet embrigadement s'est fait. L'on a formé deux haies ; on a fait ouvrir les rangs dans chacune d'icelle ; le général de division en a passé la revue. De suite on a fait serrer les rangs ; le quartier-maître a appelé tous les capitaines, lieutenants, sous-lieutenants au centre des deux demi-brigades pour tirer parmi eux les plus anciens de grade et les placer dans leur camp respectif. Il en a été de même des sous-officiers et caporaux ; et tous ceux qui se sont trouvés surnuméraires, on en a formé une compagnie auxiliaire. Ensuite on a fait rompre par pelotons les deux demi-brigades ; la 127e s'est jointe avec la 91e en commençant par les premières compagnies, et insensiblement de suite. Après ce mélange, on a fait former le carré pour nous faire connaître nos chefs. Après que toute la cérémonie a été faite, nous avons défilé devant les généraux, dans la boue jusqu'à mi-jambe, car il tombait du brouillard qui ressemblait bien à de la pluie et qui faisait dégeler les terres.

Dans ce jour, la 127e a perdu son numéro et a été mariée avec la 91e dont elle a pris le nom. J'ai vu que lorsqu'on faisait des mariages, que rien ne manquait pour célébrer cette heureuse fête ; mais parmi nous il n'en était pas de même ; car ce jour-là nous n'avions pas de pain. Cela ne nous surprenait pas, car ce n'était pas la première fois.

Chacun a été reprendre ses cantonnements ; la 5e, dernière compagnie du 1er bataillon, à la Wantzenau ; et la 1re à Kilstett. Ce jour-là, j'ai changé de compagnie ; j'ai été dans la 5e du 1er (capitaine Mondragon).

2 *ventôse*. — Sortis de la Wantzenau pour rejoindre la tête de notre bataillon au village de Kilstett le 3, pour appuyer à gauche en descendant le Rhin ; notre premier bataillon tenait depuis la Wantzenau jusqu'à l'Ill le long du Rhin. Cette étendue était de six lieues ; notre compagnie était au village d'Offendorf et faisait le service sur le Rhin.

17. — Partis d'Offendorf pour Weyersheim, où tout le bataillon venait cantonner pour un mois ; après, on retournait faire quinze jours dans ces mêmes cantonnements sur le Rhin, et on revenait faire un mois sur les derrières. Ça se faisait à tour de bataillon.

21 *germinal*. — Sortis de Weyersheim pour reprendre nos cantonnements sur le Rhin ; nous avons été de même à Offendorf. — 26. Partis d'Offendorf pour aller à l'armée du Haut-Rhin, nous avons logé en y allant à Hœnheim, à une petite lieue à gauche de Strasbourg. Le lendemain 29, le matin, nous avons passé à Strasbourg et nous avons logé à Erstein, ville ; le 30 germinal, à Kuenheim ; le 1er floréal, à Andolshein, village à deux lieues à gauche de Brisach et à une lieue

de Colmar, à droite; nous y avons eu séjour.

3. — A Herrlisheim, située à une lieue et demie de Colmar.

4. — A deux heures du matin, partis pour Ensisheim.

5. — A une heure du matin, partis pour Huningue. Nous ne sommes pas entrés dans la ville; nous avons reçu des ordres pour cantonner dans les villages aux environs. Nous avons pris la traverse, et nous avons été cantonner au village nommé Attenschwiller sur une petite colline à une lieue de Bâle, du même côté et à deux lieues de Huningue. Étant dans ce village, nous occupions les postes de sauvegarde du canton de Bâle. Personne ne passait à ces postes sans être muni d'une permission signée du général en chef. Si cela ne s'était pas fait de la sorte, on aurait enlevé une partie des vivres et des marchandises de la France.

Les frontières de la Suisse étaient bornées avec de grands poteaux de bois, à distance d'un tiers de quart de lieue; il était inscrit sur une plaque de fer blanc : *Sauvegarde de Basel.* — Cette épitaphe était incrustée en haut de la potence.

Dans le courant du mois de floréal, nous avons appris la paix avec le roi de Sardaigne. Nous avons aussi célébré la fête, le 10 prairial, des victoires remportées par toutes les armées de la

République[1]. Cette fête a commencé à six heures du matin. Dans ce même moment, on a battu la générale; à huit heures on s'est assemblé; on a été de suite sur le terrain choisi par le chef de bataillon pour cette fête. On a fait quelque temps l'exercice; après, on nous a annoncé les victoires remportées par l'armée d'Italie. C'est dans ce moment que nous avons juré d'un commun accord de seconder leurs efforts, et qu'à l'exemple de nos frères d'armes d'Italie, bientôt les succès de l'armée de Rhin-et-Moselle égaleraient les leurs. On est rentré dans le village aux cris de *Vive la République!*

Ce jour-là, la République nous a passé le pain, la viande, l'eau-de-vie double. — Voilà quel était l'ordre du général en chef.

15 *prairial.* — Partis d'Attenschwiller pour Hagenheim, dans une petite colline, et à une demi-lieue d'Attenschwiller et même distance d'Huningue; ce village est en grande partie habité par des juifs.

17. — Partis d'Hagenheim à cinq heures du matin pour entrer en garnison à Huningue. Elle n'est pas beaucoup étendue, mais forte par ses

1. En sept semaines, l'armée d'Italie avait conquis le Piémont, dicté la paix à la cour de Turin, occupé Vérone et Milan, investi Mantoue. Déconcertée, l'Autriche prit Wurmser et 25,000 hommes sur le Rhin, pour les opposer à Bonaparte, et nous allons voir l'armée de Rhin-et-Moselle en profiter pour reprendre l'offensive.

bastions garnis de gros canons qui défendent d'approcher; les rues y sont larges et bien éclairées; il y a beaucoup de casernes pour loger les soldats; les maisons bourgeoises ne sont pas beaucoup hautes, mais elles ne se dépassent pas; le Rhin flotte contre ses bastions et donne de l'eau dans les fossés. Il y une belle place qui a bien cent soixante-dix pieds au carré, elle est environnée de pavillons qui servent à loger les officiers de la garnison. Cette ville est à une demi-lieue de Bâle; à chaque porte il y a trois forts pont-levis et de bonnes barrières. Le temps que nous étions dans la ville, nous n'avions que des paillasses et des bois de lit pour toute fourniture, mais, en récompense, les puces ne manquaient pas.

8 *messidor.* — Sortis à huit heures du soir pour nous rendre à Ottmarsheim; où nous sommes arrivés le 3, à trois heures du matin; le village est à une portée de fusil du Rhin, et sur la route d'Huningue à Brisach.

9 *messidor.* — Tous les cantonnements qui étaient pour garder le Rhin depuis Huningue jusqu'aux lignes de Guermersheim, ont reçu l'ordre de prendre les armes à dix heures du soir. C'est la nuit du 5 au 6 messidor qu'on avait choisie pour se faire un passage sur le Rhin. Voilà la ruse que l'on a employée pour ce fait : Vers minuit, il y a eu plusieurs compagnies

de grenadiers en des barques, qui ont traversé le Rhin, où ils ont égorgé plusieurs postes ennemis. L'attaque a été générale dans toute l'étendue de la ligne du Rhin, car la canonnade s'est fait entendre, de même que la fusillade, depuis les deux heures du matin jusqu'à quatre heures. On criait : *En avant telle et telle colonne! allons! embarquons-nous! le passage est à nous!* On faisait reconnaître différents régiments de cavalerie et d'artillerie pour faire voir que nous étions bien du monde.

L'endroit destiné pour le passage était au fort de Kehl, près de Strasbourg, où cette attaque n'avait pas lieu, et l'ennemi ne savait pas où nous avions l'intention de passer[1]. Ce n'était pas là où l'on faisait le plus de bruit qu'on voulait passer.

Le passage s'est effectué sans avoir essuyé la moindre perte; on les a si bien surpris et trompés par nos manœuvres, que l'on a pris le commandant du fort de Kehl avec sa garnison prisonniers de guerre.

17 *messidor* — Sortis de Ottmarsheim, à quatre heures du matin, pour nous rendre à Balgau, village à deux lieues de Brisach, à droite. La nuit

1. Pour mieux surprendre encore, Moreau faisait exécuter deux fausses attaques sur Spire et Mannheim. Pendant ce temps son aile droite, portée rapidement sur Strasbourg, passait heureusement le Rhin à la date du 24 juin 1796, sur un pont de bateaux préparé dans le plus grand secret.

du 18 au 19, tous les cantonnements ont pris les armes pour faire la même attaque que celle du 5 au 6.

19. — Sortis de Balgau à huit heures du matin, pour nous rendre à Neuf-Brisach, ville forte où il y a une belle place entourée de quatre entrées, fermées chacune de quatre ponts levis; les barrières, les maisons et les casernes ne dépassent pas le premier rempart. Il y a une belle place entourée de quatre rangs de peupliers qui sont coupés de manière à ce qu'ils ne fassent point découvrir la place en dehors ; à chaque coin de cette place, il y a un puits, et tout au milieu de la place, on voit les quatre portes; les rues sont bien alignées ainsi que les maisons. Sous tous les remparts sont des casemates, et sur ces casemates est une belle promenade qui fait le tour de la ville. Ces remparts sont garnis de forts canons; l'eau vient dans les fossés par un canal qui vient de la rivière.

21. — Sortis de Brisach pour aller à Marckolsheim, bourg à quatre lieues de là, sur la même route.

25. — Partis de Marckolsheim à dix heures du matin pour nous rendre dans les environs de Neuf-Brisach pour y faire une fausse attaque. C'était la nuit du 25 au 26, à côté du Vieux-Brisach, dans une île du Rhin; une centaine d'hommes se sont embarqués pour passer le

Rhin, ils ont fait fuir plusieurs postes ennemis; ils en ont surpris un près d'une batterie, ils l'ont égorgé. En un autre, ils ont pris un canonnier, deux charretiers et trois chevaux. Sur la pointe du jour, le canon s'est fait entendre de droite et de gauche sur la rive du Rhin. Vers les quatre heures du matin, l'ennemi nous a riposté plusieurs coups de canon. Vers les sept heures du matin, les hommes embarqués sont rentrés et nous avons cessé l'attaque; elle était faite pour établir un pont à Rhinau. — Nous sommes retournés dans nos cantonnements qui étaient depuis Brisach jusqu'à Rhinau, où deux de nos bataillons ont passé le Rhin.

28. — Nous avons quitté ces cantonnements à dix heures du soir pour nous rendre à Brisach, où nous sommes arrivés à dix heures du matin. Nous nous sommes transportés vis-à-vis le Vieux-Brisach pour y passer le Rhin; nous l'avons passé sur un pont volant vers les trois heures de l'après-midi du 29 messidor. Nous avons logé dans de grosses baraques que les Autrichiens avaient fait construire du temps que les Français assiégeaient la ville du Vieux-Brisach.

Ces logements étaient couverts en terre et derrière le Vieux-Brisach, hors de portée du canon.

30. — Nous avons repassé le Rhin à dix heures

du matin pour aller le passer à Huningue; nous avons logé en y allant à Ottmarsheim.

1er *thermidor*. — Partis à quatre heures du matin, nous sommes arrivés à Huningue, et nous avons passé le Rhin vers les dix heures du matin. Nous avons été au premier village où le vin nous a été distribué. De là, nous avons été loger à Lörrach, bourg dans le Marquisat. Je dirai que nous avons passé le Rhin sur un pont volant, et après cela nous avons été obligés de passer un bras du Rhin avec des petites barques, ce qui nous a tenus bien du temps.

3. — Partis de Lörrach à deux heures du matin pour aller à Schopfheim, petite ville entre deux montagnes garnies de beaux bois; la colline est garnie de beaux prés bien entretenus et tout de niveau où ils mettent l'eau quand ils jugent à propos. Cet endroit a beaucoup d'usines, tant en forges, manufactures de fils de fer, papeteries, etc. Je remarquerai aussi que les Autrichiens avaient quitté les bords du Rhin le 27 messidor, parce que la colonne qui avait passé à Strasbourg les prenait par derrière les montagnes du Brisgau pour leur couper leur retraite.

9. — Partis de Schopfheim, à deux heures du matin, pour aller à Säckingen. Nous avons repassé le Rhin à Laufenburg. Dans cet endroit, le Rhin fait un grand saut au bas du pont; il passe entre deux rochers, il est extrêmement

rapide. Les ponts sous lesquels on passe sont tous couverts et bien construits. Sâckingen et Laufenburg sont deux petites villes près des frontières suisses et situées à sept lieues de Schopfheim.

10. — Partis de Sâckingen à deux heures du matin pour Eibrechsferengel ? Nous en sortions le onze à deux heures du matin pour nous rendre à Fiezen, village situé à huit lieues.

12. — Partis de Fiezen à trois heures du soir pour nous rendre à Singen, où nous sommes arrivés le treize à quatre heures du soir.

14. — Partis de Singen à dix heures du matin pour Esplingen, village sur le lac de Constance,

15. — Partis le 15 à quatre heures du matin pour nous rendre auprès de l'abbaye de Salmonswiler, située de même sur le lac, dans la Souabe.

C'est là que nous avons aperçu l'arrière-garde d'une colonne ennemie. On a détaché des tirailleurs de droite et de gauche pour fouiller les environs de notre route ; après avoir tiré plusieurs coups de fusil, ils ont continué leur retraite. C'est dans l'abbaye, ou pour mieux dire dans la plaine au-dessus, que nous avons commencé à camper. Je dirai que tous les villages dont j'ai parlé ci-devant et où nous avons logé, sont situés sur les frontières de la Suisse, en venant sur le lac de Constance.

La colonne du général Férino[1] chassait les ennemis de diverses places situées sur le lac de Constance, à droite du côté de la Suisse et s'emparait de la ville de Brégenz où se trouvaient une trentaine de pièces de canon de divers calibres[2].

Je remarquerai que nous avons passé au pied du fort de Randenburg[2], situé sur une montagne en pain de sucre, qui n'est commandé d'aucun côté, qui se rendit sans résistance; on y trouva un arsenal bien garni, quarante-trois bouches à feu en bronze, et quantité de munitions.

Je dirai que nous étions sous le commandement du général Palliard. Notre colonne a pris à gauche du lac de Constance; nous sommes sortis du camp près l'abbaye de Salmonsweiler le 16, à huit heures du matin, par une grande pluie qui avait commencé à trois heures du matin, pour aller à la poursuite de l'ennemi. Nous avons été camper près du village nommé Eriskirch, sur le bout du lac, dans un bois où notre artillerie a été obligée de tirer quelques coups de canon. Dans ses environs, il s'est

1. Milanais d'origine et capitaine au service autrichien, Férino était venu offrir ses services à la Révolution française qui le fit lieutenant-colonel et général en 1792, général de division en 1793. L'Empire le fit comte et sénateur; sa division comprenait, au moment qui nous occupe, vingt-trois bataillons et dix-sept escadrons.

2. L'artillerie comptait en effet trente et une pièces; et les sacs de grains étaient au nombre de quarante mille.

trouvé plusieurs obstacles : des fossés, des petits marais et des bois; mais l'ennemi a été forcé de prendre sa retraite. Nous sommes partis du camp le 19 à quatre heures du matin pour aller à la poursuite des ennemis vers la ville de Lindau, faisant partie du cercle de Souabe. Arrivés dans cette position, comme nous avions suivi les côtes de la Suisse avec un bataillon de la 38e demi-brigade et un détachement de hussards du 8e; nous avons quitté cette colonne le 20 thermidor pour aller rejoindre nos deux autres bataillons de la 3e demi-brigade de ligne. Nous avons logé en y allant à Waldsee, ville où nous sommes arrivés à la nuit; nous avons été loger dans un couvent où nos prisonniers de guerre étaient détenus avant que nous passions le Rhin; mais ils avaient été évacués à notre approche.

21. —Partis de Waldsee à quatre heures du matin, nous avons été bivouaquer à une lieue en avant de la ville, et à une lieue de Wurtzack, où nous avons retrouvé nos deux bataillons qui avaient passé le Rhin à Rhinau.

22. — Partis de ce bivouac à quatre heures du matin pour aller à la poursuite de l'ennemi qui était la légion de Condé, nous avons campé ce même jour dans un bois faisant partie de la forêt Noire, près d'un village nommé Itett(?) qui fait partie du cercle de Souabe.

23. — Partis du camp à trois heures du matin pour aller camper une lieue en avant. A notre approche, l'ennemi a pris sa retraite.

25. — Sortis du camp à quatre heures du matin, nous avons passé à Memmingen, ville grande et belle, entourée de petits bastions et de grands jardins tous remplis de houblon; elle est au duc de Wurtemberg. Ce même jour, nous avons été camper en avant d'un village où les émigrés sont venus nous attaquer à cinq heures du matin, le 26, mais ils ont été repoussés avec vigueur et on leur a fait quelques prisonniers. J'ai remarqué dans cette contrée la grande mortalité des bêtes à cornes; c'était la peste qui était dans ce pays, car on ne pouvait en sauver aucune.

Le même jour, vers les six heures du soir, nous avons fait un mouvement pour appuyer à gauche, pour donner du renfort à la troisième ligne qui avait été attaquée pendant la nuit par les chevaliers de la légion de Condé, où ces derniers ont perdu bien du monde, car dans le mouvement que nous avons fait, nous en avons vu dans des places plus d'un cent, et beaucoup qui étaient répandus dans les bois, et beaucoup qui étaient enterrés que nous ne voyions pas. Ceux qui étaient hors de terre étaient des hommes qui avaient en partie des cheveux gris.

Leur attaque a été singulièrement combinée;

ils sont venus croyant surprendre nos gens; lorsqu'ils ont été à une portée de fusil d'eux, ils ont fait le demi-tour, et faisaient les feux de peloton en retraite, et leurs canons envoyaient des obus en l'air. Étant assez près de nos troupes pour être reconnus, aussitôt nos troupes ont fait un feu de file sur ces messieurs. Comme cette petite avant-garde ne se voyait pas assez forte, elle a battu en retraite pour un moment; mais aussitôt ils ont eu du renfort de la 74e qui était campée derrière eux, et ils les ont repoussés avec toute la chaleur républicaine. Comme je l'ai dit, plusieurs cents ont mordu la poussière. Cette bataille s'est donnée, la nuit du 25, dans le bois près le village d'Obergein. Nous y avons campé le 26 au soir, nous avons eu la pluie pendant deux jours.

29. — Partis de ce camp à quatre heures du matin pour aller en avant, nous avons été camper sur la hauteur, près du village de Meltheim, près d'une petite rivière et derrière une grosse ferme où était logé le général.

2 *fructidor*. — Sortis de ce camp à huit heures du soir pour aller à la poursuite des émigrés, nous avons pris la route à gauche de Meltheim et nous avons campé dans la plaine.

4. — Partis à onze heures du matin, nous avons été camper près d'une abbaye, dans la Bavière.

Partis le 5, à deux heures de l'après midi pour nous rendre au camp à trois lieues de la ville d'Augsbourg, ville capitale des cercles de Souabe. Nous ne suivions pas de route directe, c'était en partie tous chemins de traverse ; il y a un peu de temps que nous n'avons vu notre ennemi. Nous sommes obligés de marcher à grandes journées, encore ne peut-on pas le rattraper. Nous sommes campés sur le bord d'une rivière et dans un bois dont je ne connais pas les noms, mais je mettrai un nom à ce camp, et la troupe qui a campé dans ce camp ne pourra pas me démentir ; je le nomme *le camp de la fourmilière*, car vraiment il n'y avait pas une place où la terre n'en soit couverte, et tous les arbres en étaient garnis ; on pourrait encore l'appeler *le camp de la pénitence.*

7. — Sortis de ce camp à six heures du matin, sans regret, pour aller passer la rivière où nous avons trouvé l'armée autrichienne ; sur l'autre rive, ils avaient coupé tous les ponts et nous attendaient sur la hauteur. Quoique les ponts fussent coupés, cela n'a point arrêté notre marche ; nous l'avons franchie avec tout le courage possible. Comme elle était rapide et que quelques républicains ont voulu la traverser, il y en eut quelques-uns de noyés. La profondeur à l'endroit où nous passions était de trois pieds quelques pouces ; nous avons mis un quart d'heure pour

passer ces obstacles. C'était sur la droite d'Augsbourg, entre dix et onze heures du matin.

Après ce défilé, et étant de l'autre côté, on s'est formé en colonne et on a marché sur l'ennemi, qui s'est vu forcé d'abandonner ses fortes positions.

Notre division a fait ce jour-là huit cents prisonniers et pris seize pièces de canon. Au moment où ils ont pris la fuite, on les a poursuivis à quatre lieues de la ville d'Augsbourg. Notre avant-garde a gardé sa position, et l'armée est revenue camper à deux lieues en avant d'Augsbourg, et à une lieue de Fridberg.

Partis de ce camp à neuf heures du matin pour appuyer à droite et suivre la marche de l'ennemi, ce jour-là nous avons campé près d'un village, dans les environs d'un superbe château appartenant à un colonel de cavalerie autrichienne. Ce château est remarquable pour la troupe qui était campée dans les environs; on y a trouvé quantité de bière, d'eau-de-vie et toutes sortes d'effets; toute la maison était partie à l'approche de l'armée française, et on s'est emparé de tout ce qu'il y avait dans la dite maison.

10. — Partis de ce camp à dix heures du matin pour aller camper à une demi-lieue. C'est dans ce camp qu'on nous a annoncé la trêve avec le duc de Bavière.

13. — Partis à cinq heures du matin pour nous rendre au camp, près de Dachau.

17. — Partis à six heures du matin pour aller camper dans la plaine de Munich. Je dirai qu'on avait laissé une certaine quantité de soldats avec un officier dans notre camp de Dachau, pour allumer des feux comme s'il y avait eu de la troupe. Ce camp était aperçu depuis les hauteurs en avant de Munich, c'était pour faire voir à l'ennemi que nous étions en forces.

Nous étions campés dans la plaine de Munich près les parcs du duc de Bavière. Je peux dire que ces parcs étaient superbes et grands, entourés de planches très hautes et renfermant toutes sortes de bêtes sauvages et d'oiseaux. C'était si bien construit que c'était vraiment amusant; mais la guerre détruit tout; on a enlevé les planches pour se construire des abris dans le camp; de suite on s'est mis à donner la chasse aux bêtes, comme lapins, lièvres, chevreuils, biches, cerfs; les oiseaux ne s'en sont pas échappés; tout cela se prenait à la main, avec des bâtons.

Je dirai que dans les environs, à droite et à gauche de la ville de Munich, le duc de Bavière a de superbes châteaux très vastes et bien construits; il a aussi de superbes parcs fermés de murs, où il a toutes sortes d'animaux que l'on puisse imaginer; il y a aussi de beaux jets d'eau et de superbes avenues, promenades, etc. Plusieurs qui les ont vus comme moi ont dit qu'il n'y avait que le château de Versailles qui pouvait le surpasser; tout cela était fait pour enchanter.

19. — Sortis du camp à huit heures du matin pour appuyer à gauche de Munich, nous avons campé à trois lieues. C'est pendant que nous étions dans ce camp, que les émigrés ont passé l'Isar et sont venus prendre un parc de munitions qui était derrière Dachau. Nous y avions une ambulance où étaient nos blessés ; ils en ont pris une partie, nos chirurgiens, nos bouchers et une compagnie de notre demi-brigade qui était pour garder le parc. Ceux qui ne voulaient pas se rendre, ils les hachaient ; après qu'ils ont eu fait cette capture, ils sont retournés dans leurs positions qui étaient sur le Ridau, en avant de Munich, le long de l'Isar.

21. — Sortis de ce camp à onze heures du matin pour nous rendre sous les murs de Munich, là où notre avant-garde s'était battue la nuit sur l'Isar. Alors, les émigrés voulaient passer devant Munich ; mais il n'ont rien gagné. Ce même jour, nous avons campé près le faubourg de cette ville. Les faubourgs y sont grands et il y a de belles maisons ; les rues larges. La ville de Munich n'est pas extrêmement étendue, mais bien peuplée, les maisons fort hautes, les

1. Ce n'était pas un corps d'émigrés, mais six escadrons autrichiens détachés par le général Frœlich.

rues larges et bien éclairées ; dans le milieu de la place, il y a un beau jet d'eau. Elle est fermée par des bastions environnés de fossés, mais elle n'est point dans le cas de soutenir un siège ; c'est la capitale de la Bavière :

Dans la bataille de la nuit du 20 au 21 que nos troupes ont eue avec les émigrés, on a brûlé des tanneries, qui étaient sur le bord de la rivière, et plusieurs gros magasins de bois. Lorsque les émigrés ont vu que çà ne pouvait servir à rien, ils ont cessé le feu. Je dirai qu'ils avaient une maison sur la route du pont, qui a été aussi brûlée.

Le duc de Bavière avait dans la ville, pour garnison, dans ce temps, douze mille hommes, tant cavalerie qu'infanterie.

Les soldats français pouvaient entrer dans la ville avec une permision par écrit du colonel. La rivière qui passe près de la ville de Munich porte le nom de l'Isar.

La gauche de notre division avait déjà passé l'Isar à cinq ou six lieues de Munich, sur la droite; lorsqu'on apprit la retraite du général Jourdan qui commandait l'armée de Sambre-et-Meuse. Nos troupes ont été obligées de repasser la rivière et de se disposer à la retraite.

26 *fructidor*. — A une heure du matin, nous avons commencé notre retraite, sans cependant y être forcés par l'ennemi de notre côté. Nous avons pris la route de Munich à Dachau, bourg

situé à six lieues ; nous sommes restés environ quatre heures sous ses murs pour nous reposer et attendre la gauche de notre division qui est arrivée une heure après. Je dirai que notre retraite a commencé par un temps de pluie. Nous nous sommes donc mis en marche, toute la division, et nous sommes venus camper à neuf lieues de Munich, dans la position du 7 fructidor.

28. — Sortis de cette position à sept heures du matin pour exécuter plusieurs mouvements, sur la droite d'Augsbourg, et de la rivière. A huit heures du soir du même jour, nous sommes revenus prendre une position à une lieue de Fridberg, en avant. Nous étions en ce moment d'arrière-garde, et même nous nous sommes vus bloqués de toute part ; il fallait nous battre de tous les côtés et plus particulièrement derrière nous qu'en avant ; nous aurions eu plus de facilité de retourner à Munich que du côté de la France. Et quels étaient ceux qui nous bloquaient ? C'était une partie des paysans qui servaient à prendre nos parcs, les convois de malades et de pauvres blessés ; ils prenaient ce qu'ils pouvaient avoir et de suite les mettaient à mort. Ils nous coupaient les routes dans lesquelles nous devions passer, par de grands fossés et des abattis d'arbres qu'ils croisaient dans la route, pendant que les Autrichiens et la

légion de Condé nous faisaient user le reste de nos munitions afin d'avoir plus de facilité de nous prendre. Ils se croyaient les plus forts, mais ils s'étaient bien trompés, car si ce n'est qu'on a voulu en sortir avec tous les vivres et convois, composés de quantité de voitures chargées de toutes sortes, l'armée impériale ne nous aurait pas arrêté un seul jour. Ils avaient de même envoyé des proclamations dans tous les pays que nous avions conquis, où ils disaient aux paysans que l'armée française était presque toute en leur pouvoir; qu'ils en avaient pris une grande partie entre Augsbourg et Munich; qu'il n'y avait plus que trois mille hommes qui s'étaient échappés, et qu'ils ne savaient pas où battre en retraite; voilà pourquoi les paysans s'étaient empressés de s'armer contre nous.

Étant dans cette position, nous avons fait encore plusieurs mouvements, allant du côté de Munich, mais nous n'avons rencontré aucune troupe.

2 *complémentaire* [1]. — Nous avons été à quatre lieues, suivant la route de Munich, et nous avons campé près de village d'Audelheim.

3. — Partis en retraite sur Fridberg ; où nous avons passé la rivière nommé le Negel ; le même jour les ponts étaient rétablis. Nous ne sommes

1. Voir la note, page 71.

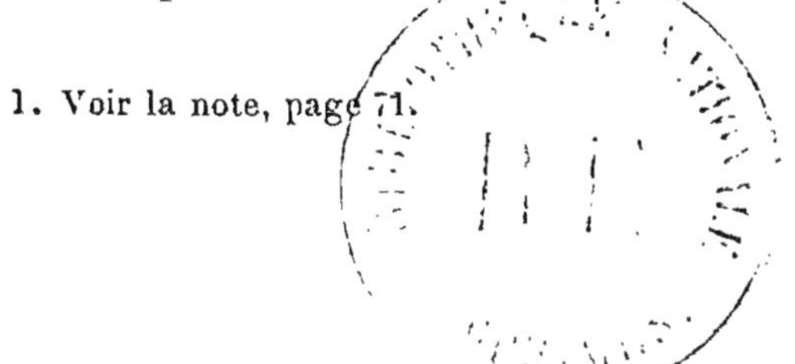

pas passés dans la ville d'Augsbourg, nous en avons fait le tour; elle a des remparts très hauts.

Le même jour, nous sommes venus camper à deux lieues de ce côté-ci, sur la route de Gunzbourg.

4. — Sortis à deux heures du matin pour venir sur les hauteurs de Gunzbourg où nous avons campé dans les terres labourées.

5. — Partis à huit heures du matin, nous avons passé dans la ville de Gunzbourg; nous avons été prendre une position à trois lieues de là, bordant le Danube.

1er *vendémiaire*, an V.— Partis à huit heures du soir pour la ville d'Ulm, où nous sommes arrivés à deux heures du matin. Nous avons traversé la dite ville à six heures pour venir prendre une position tout près. C'est là que tous les parcs et convois se sont réunis ; et l'armée est venue passer pour que chaque division prenne la marche indiquée par le général. Moreau pour faire un débouché pour le passage des convois, partie de la troupe se battait en attendant que l'autre partie défilât avec les parcs [1].

Notre position était à la droite de la ville, qui n'a que de petites fortifications et n'est pas ca-

1. « Cette retraite est devenue célèbre; cependant il faut convenir qu'elle était loin d'offrir les mêmes difficultés que la retraite de l'armée de Sambre-et-Meuse, avec laquelle Moreau eu mieux fait d'opérer sa jonction. » (Soult.)

pable de soutenir un siège. Nous sommes partis de notre position le 3, à onze heures et demie du soir, pour continuer notre retraite sur Fribourg en Brisgau. Nous avons campé à une demi-lieue d'Ulm; nous avons pris la traverse pour favoriser l'évacuation de nos parcs.

4. — Nous sommes arrivés près d'un passage du Danube, à huit heures du soir, où l'ennemi voulait forcer notre ligne et nous couper notre retraite. Depuis le matin jusqu'à neuf heures du soir, la fusillade et le canon n'ont cessé de jouer, de sorte qu'ils n'ont pas pu passer. Nous avons campé ce jour-là dans un bois, à sept lieues d'Ulm. Étant dans cette position, nous avons fait plusieurs mouvements tant de jour que de nuit pour en imposer à nos ennemis.

6. — Sortis de ce camp à une heure de l'après-midi, nous sommes venus camper auprès d'une grosse abbaye qui est à cinq lieues de Waldsee, en avant.

7. — Partis à une heure du matin, nous sommes allés camper à deux lieues de Waldsee, sur la gauche.

8. — Sortis de ce camp à une heure du matin pour nous rendre sur les hauteurs à gauche de Ahldorf; ce village est situé près des grands marais et vis-à-vis d'un parc. C'est dans ces environs que notre colonne s'est réunie, de manière que lorsque la colonne se mettait en mar-

che, elle était divisée sur plusieurs points, pour deux ou trois jours; et après il y avait un point de ralliement. Je dirai que dans ce village de Ahldorf, le feu a pris à une grosse maison pendant la nuit.

9. — Partis à dix heures du matin. La troupe, qui marchait avant nous, a fait rencontre de l'ennemi, ce qui a un peu ralenti notre marche. A la première attaque, il a fait beaucoup de résistance, mais après quelques heures de combat il a été obligé de se reployer, mais sans abandonner la route sur laquelle nos convois devaient passer. Notre avant-garde s'est avancée et leur a fait abandonner leurs positions. Nous avons campé ce jour-là près le village de Berg, hauteur assez considérable, du côté opposé à l'ennemi, qui était sur la route immédiatement près l'abbaye de Vincastel, dans la Souabe.

Durant le temps que nous avons occupé cette position près le village de Berg, nous avons fait plusieurs mouvements de droite et de gauche pour nous éclairer sur la marche de nos ennemis.

Le général Moreau, qui voyait que ces mouvements de la part de l'ennemi rendaient sa retraite dangereuse, les fit attaquer le 1er octobre sur toute la ligne près de Biberach, et lui enleva vingt canons, des drapeaux et environ cinq mille prisonniers, parmi lesquels soixante-cinq officiers; à cette affaire, c'était le général Latour qui commandait les Autrichiens.

14. — Partis de Berg à huit heures du matin, nous sommes venus camper à six lieues en avant de Stockach.

15. — A quatre heures du matin, nous sommes venus camper sur les hauteurs, à deux lieues de Stockach. Il faut remarquer que nous ne pouvions faire beaucoup de chemin parce qu'il fallait que notre avant-garde fît une ouverture parmi l'ennemi, et débarrassât les routes pour faire passer nos convois.

16. — Partis à cinq heures du matin pour camper sur les hauteurs, à un quart de lieue de Stockach, du côté de la route de Fribourg. Je dirai que c'est dans ces environs que nous avons eu plusieurs convois de malades ou de blessés égorgés.

Ces pauvres malheureux étaient couverts de blessures et sans défense. Les infâmes se vengeaient sur eux des fléaux de la guerre qui avait dévasté leur contrée. Mais qu'ont-ils gagné, ces esprits faibles qui se sont laissé séduire par les écrits que leurs seigneurs et leurs émigrés leur avaient envoyés en leur disant que s'ils pouvaient nous arrêter, la guerre serait bientôt finie et qu'ils seraient affranchis pendant deux ans de tout impôt? Ils étaient tellement pénétrés qu'il n'y avait plus qu'à serrer la main pour nous prendre, qu'ils quittaient tous leurs chaumières et se mettaient de tous les côtés sur la route, les chemins. Tout était bien gardé. Les femmes, les filles, les enfants, enfin tous s'y mettaient, et l'armée autrichienne les secondait dans leurs mauvais desseins.

Ils sont venus un jour pour prendre notre magasin de poudre qui était près de cette ville avec plusieurs pièces d'artillerie de réserve, et aussi celles que l'on avait prises à l'ennemi et que l'on n'avait pas eu le temps d'évacuer ; mais ils ont été bien reçus. Il s'est trouvé quelques-unes de nos troupes dans les environs, ils ont été repoussés et se sont retirés dans les bois des environs. Dans les villages d'où ces misérables étaient partis pour nous couper notre route, on a brûlé quelques unes de leurs maisons et on a pillé les autres.

Nous sommes sortis du camp de Stockach après que tout a été sur des voitures, et qu'il ne restait plus rien dans le magasin. C'était le 17, à onze heures du matin, que nous avons suivi la route de Fribourg, et que nous sommes venus camper à deux lieues et demie de ce côté-ci de Stockach, près d'un village où tous les habitants étaient partis dans les bois pour nous couper notre retraite. Dans cet endroit, nous avons eu des blessés égorgés ; pendant la nuit quelqu'un a mis le feu à une maison. Étant dans cette position, nous avons passé en avant du village et nous avons attendu notre arrière-garde.

18. — A une heure de l'après-midi, nous avons campé sur les hauteurs en avant de Lemmingen où on nous faisait espérer des vivres; on a trouvé dans cette ville un seul homme et point de vivres. Je dirai qu'on a brûlé environ vingt-quatre maisons; la pluie nous avait pris près de la ville de Hoch, et la nuit que nous avons été camper sur les hauteurs de la ville de Lemmingen a été abominable; la pluie emmenait toute la terre de notre camp dans la colline.

19. — Partis à une heure du matin, nous avons défilé au milieu des maisons tout en feu, et nous sommes venus camper sur une montagne très haute.

20. — Descendus de cette montagne, pour aller camper dans la plaine près le Danube où l'ennemi nous est venu attaquer vers les huit heures du matin. Le 21, après plusieurs heures de combat, nous les avons repoussés; après, nous avons continué notre retraite. Le combat à notre droite a été plus engagé que le nôtre, mais ils n'ont pas pu percer notre ligne qui était près la route où nos parcs et convois défilaient. Nous avons continué notre retraite, mais je dirai que, l'ennemi nous suivant de près, nous avons été obligés, par plusieurs reprises, de marcher en colonne et de nous mettre en bataille lorsqu'il se trouvait

des obstacles où l'on ne pouvait pas tous marcher ensemble ; les uns battaient en retraite et les autres observaient.

Ce jour-là, nous sommes venus camper près d'une petite ville, à trois lieues de Neustadt ; là nous sommes arrivés la nuit par une pluie continuelle et des chemins presque impraticables.

22. — Partis de cette position à trois heures du matin, pour venir camper du côté de Neustadt, le long du revers de la montagne, dans une gorge de la forêt Noire, sur la route de Fribourg.

23. — Sortis à midi, nous sommes venus camper sur le revers d'une colline, à gauche de la route de Fribourg.

26. — Partis à dix heures du matin pour venir camper dans la gorge de Fribourg. A une demi-lieue, sur la route, il y avait de grands hangars qui servaient de magasins pour l'armée impériale, et comme ils étaient vides, nous nous en sommes servis pour nous mettre à couvert. Notre arrière-garde s'est bien battue dans cette gorge, aux environs de Neustadt.

28. — Partis à midi, nous sommes passés près des faubourgs de Fribourg ; de suite nous avons été camper dans une gorge tenant à gauche de la route de Brisach. Notre position était près d'un couvent de religieuses, qui était dans le fond de la gorge.

30. — Sortis le 30, à deux heures du matin, nous avons pris la route de Huningue. Vers huit heures du matin, notre arrière-garde a été attaquée par l'ennemi, près du faubourg de Fribourg. Au petit point du jour, on nous a mis en bataille derrière un village situé près la route de Huningue et au pied de la montagne de Fribourg. L'attaque du matin a duré toute la journée; en nous retirant, nous avons campé ce jour là dans la broussaille, le long de la montagne, à quatre lieues de la ville de Fribourg, sur la gauche de la route de Brisach.

1er *brumaire*. — Nous avons pris la traverse dans les montagnes du marquisat du Brisgau, pays de Bade, tenant à la forêt Noire. Nous sommes venus camper sur les hauteurs d'une montagne à quatre lieues d'Huningue.

2. — Nous avons fait un mouvement à huit heures du matin. Nous sommes venus camper dans le fond du vallon, à une demi-lieue du village. Nous étions divisés sur plusieurs points pour observer les manœuvres de l'ennemi (mais en cas d'attaque, on se réunissait sur un point).

3. — A cinq heures du matin, l'ennemi est venu nous attaquer sur différents points; en premier lieu nous avons repoussé l'ennemi : il nous a repoussé un instant après dans notre position où ils nous ont fait quelques prisonniers. On a soutenu longtemps dans le même endroit, mais

comme ils avaient beaucoup d'artillerie dans une belle position sur la hauteur, qui leur donnait beaucoup d'avantages sur la nôtre, à peine pouvait-on trouver un emplacement pour se mettre. La pluie continuelle rendait le terrain très mouvant, et comme il y avait différentes collines à garder, dans des bois où l'on n'y voyait pas la moindre clarté, l'ennemi ne cherchant qu'à nous couper notre retraite sur Huningue (car sur la route de Brisach, le canon s'est fait entendre, comme sur notre colline, et je crois même encore plus fort), je dirai que le feu a été très soutenu de part et d'autre toute la journée; nous avons perdu quelques hommes, mais la plupart étaient des blessés. Nous avons exécuté plusieurs marches sur la droite et sur la gauche de la colline; une grande partie des bataillons étaient en tirailleurs, lorsque le soir est venu.

On a cédé le village devant lequel nous étions. Je crois, si ce jour-là n'avait pas eu de nuit, que le feu n'aurait pas cessé. C'est l'obscurité qui a fait la fin de notre journée. La pluie a commencé avec l'attaque et a duré vingt-quatre heures; vers la fin, à peine la poudre voulait-elle prendre. On croirait peut-être comme on s'est battu toute la journée, que l'ennemi nous a poussés bien loin; eh bien, dans toute la journée nous avons reculé d'une demi-lieue; voilà tout le progrès de l'ennemi. Pour la perte des hommes, je crois qu'elle a été égale.

A sept heures du soir, nous avons pris notre retraite. La route sur laquelle nous devions passer traversait le village que l'ennemi occupait, et, pour la rejoindre, il y avait plusieurs obstacles, mais tout de même il a fallu les franchir.

3 *brumaire.* — A sept heures du soir, nous nous sommes mis en marche pour rejoindre la route : nous avons traversé un bois ; de là, nous sommes descendus dans le fond d'une colline très profonde où nous avons trouvé une rivière qui avait environ quinze pieds de large et trois pieds de profondeur ; cela n'a pas longtemps retardé notre marche (nous étions déjà percés de la pluie de la journée), nous avons franchi cet obstacle. Il se trouvait encore un petit ruisseau au pied d'une assez forte éminence qui était garnie de ronces et d'épines ; il fallait y monter à quatre pattes ; et bien des fois, étant presque en haut on retombait en bas. En haut on trouvait la route, mais une patrouille de sept cavaliers ennemis venait à notre rencontre. Aussitôt notre adjudant major, nommé Scherer, crie au premier : *Qui vive !* — Il répond dans sa langue : *Verda !* — Ledit adjudant lui dit : *Prisonnier !* — *Nix prisonnier.* — *Rends-toi, coquin !* lui dit-il. — *Nix coquin !* Aussitôt il pique des deux et va rejoindre ses camarades qui étaient encore plus avant dans la route.

Aussitôt, ils sont revenus au grand galop et ont passé parmi nous, sans recevoir un coup de fusil, car les armes étaient si mouillées de toute la journée et du passage de la rivière, qu'elles ne pouvaient plus faire feu, et puis on n'y voyait pas clair. Dans la boue à mi-jambes, nous avons continué notre retraite, environ à deux lieues d'Huningue. Tout mouillés que nous étions et sans vivres, nous avons campé dans des sapins tout près de la route.

4. — De cette position, à quatre heures du matin, nous sommes venus sur les hauteurs près de Lörrach pour camper. L'ennemi était sur nos traces et voulait passer avant nous le Rhin, mais comme le pont nous appartenait, nous avons voulu y passer avant eux.

5. — Partis à minuit pour nous rendre près le pont d'Huningue vers cinq heures et demie du matin. Lorsque est venu notre tour, à huit heures du matin, nous avons passé le pont qui était construit de trente-sept grosses barques. — Je dirai que nous étions de la division du général Férino pendant la campagne de l'autre rive du Rhin. Pendant notre retraite, nous avons eu vingt jours de pluies continuelles.

Lorsque nous avons eu repassé le Rhin, nous avons été nous reposer près le village de Bourgfeld, sur la route de Bâle et d'Huningue, pendant cinq heures. Le soir, nous avons été loger au

Village-Neuf, sur le Rhin, à une demi-lieue à gauche d'Huningue. Pendant que nous étions sur l'autre rive du Rhin, on avait découvert les anciennes fondations d'un fort qui était sur le bord du Rhin et près le territoire de Bâle, on avait relevé l'ouvrage à cornes et le fort où on avait mis de fortes pièces pour défendre la tête du pont. Cet ouvrage était enclos d'un bon fossé plein d'eau ; on avait aussi commandé une forte redoute en avant d'Huningue, pour défendre l'approche du fort nouvellement construit. — Ces ouvrages ont retenu la colonne autrichienne pendant tout l'hiver[1].

Comme nous voilà rentrés en France, et que l'ennemi ne nous poursuit plus, je vais faire un petit détail sur le costume des deux sexes du Brisgau et de la Forêt-Noire.

La situation des habitants de la frontière est très simple, et ils vivent contents dans leurs petites chaumières ; le bois ne manque pas, mais, pour la terre, elle n'y est pas bien commune : ils en ont quelque peu sur le sommet de quelques hautes montagnes, où ils sèment du seigle avec un peu de blé ; dans la vallée, ils plantent des pommes de terre. Le pâturage y est assez frais, aussi ils ont presque tous des vaches. Les maisons ne sont pas bien épaisses et construites en bois ; lorsqu'un père de famille marie ses

1. Voir la note de la page 115 (siège de Kehl.)

enfants, il leur construit des petites maisons aux environs de la sienne ; mais il font cela quand la famille ne peut plus tenir dans la maison paternelle.

C'est un vrai désert, aussi le monde qui l'habite est aussi brute que sont leurs habitations; la plupart n'ont aucune éducation ; comme la nature les a créés, ils restent. Les hommes sont habillés grossièrement, ils portent sur la tête un petit chapeau de paille, des cheveux courts et tout hérissés ; leurs chemises de toile très forte sans cols, car on ne leur voit jamais rien autour du cou. Leur culotte, très large avec des plis tout autour qui leur font des genoux gros comme la tête, est froncée comme une bourse. Ils ne portent rien aux jambes, et aux pieds ils ont des souliers aussi durs que du bois ; les semelles ont deux doigts d'épais, et bordées de gros clous tout autour. Ils ont des gilets qui leur tombent au milieu des cuisses; des habits moins courts qui se boutonnent tout le long; et les poches battent au bas du ventre. Cet habillement est tout en toile, la plupart du temps tout noir ; aussi ils ressemblent à des charbonniers. Les femmes et les filles ont pour coiffure un petit chapeau de paille à quatre cornes, comme une espèce de *carquelin*[1]. Elles portent leurs che-

1. Il s'agit ici du *craquelin*, petit gâteau ayant effectivement cette forme.

veux en deux tresses tirées très près de la tête, qui est grosse comme celle d'un veau de deux mois; une encolure de même; leur gorge est parée par une grosse chemise, brodée d'une grosse dentelle, avec un corset rouge où sont enfermés des appas très gros, qu'elles fagottent comme un fagot. Les jupes qu'elles portent sont de différentes couleurs; elles en mettent trois, la plus grande ne passe pas les genoux, la deuxième un peu plus haut, la troisième va au bas du nombril; elles sont brodées chacune d'une tresse large de différentes couleurs. Le plus souvent elles vont toutes déchaussées; elles ont des souliers hauts avec de forts clous. Leur nourriture est le lait, le lard et la choucroute. Nous avons logé dans leurs maisons en allant sur le lac de Constance; ils avaient toujours les yeux sur nous, parce que nous étions costumés différemment qu'eux.

Dans le Brisgau, le peuple n'est pas si grossier, ni le costume non plus; la terre y est plus fertile et il y a encore du beau seigle, mais la mode du costume n'est guère différente.

6 *brumaire*. — Sortis du Village-Neuf, à midi, pour venir cantonner au Grand-Kembs, village situé à une demi-portée de fusil du Rhin, à trois lieues à gauche d'Huningue, sur la route. Pendant notre retraite, nous avons eu vingt jours de pluie continuelle.

14. — Sortis du Grand-Kembs pour appuyer à gauche à huit heures du matin, nous avons logé à Sausheim; le 15, à Blodelsheim; le 21, avec quatre compagnies, cantonné à Fessenheim. Ces villages sont entre Huningue et Brisach, sur la route suivant le Rhin.

25. — Partis de Fessenheim pour venir cantonner à Biesheim, tout le bataillon. Ce village est à une demi-lieue de Brisach, à gauche.

7 *frimaire*. — Partis de Biesheim, à onze heures du matin, pour Witternheim, à sept lieues de Strasbourg et à deux lieues du Rhin.

11. — Sortis de Witternheim, nous sommes venus loger à Nordhausen, à quatre lieues de Strasbourg.

12. — Sortis à deux heures du soir pour nous rendre au fort de Kehl. Là, nous avons relevé la 31me demi-brigade qui était campée à gauche du fort, dans une île du Rhin. La 31me nous a relevés au bout de trois jours; de sorte que tous les trois jours, nous nous relevions, jusqu'à l'époque du 30 frimaire, où nous avons commencé à nous relever tous les quatre jours parce que le froid n'était plus si dur. Mais aussi, plus on se relevait souvent, plus on perdait de monde, car l'ennemi tirait sans cesse, nuit et jour ; cela semblait un orage.

Lorsqu'on était relevé, on allait passer autant de jours dans le village de Bischheim ; il y avait deux lieues de chemin pour passer sur le pont et gagner notre camp qui était à deux lieues de Strasbourg, à gauche.

9 *nivôse.* — Le général a fait assembler les officiers de notre bataillon qui était le prémier, et les a conduits sur la droite de Kehl pour leur faire voir le retranchement de l'ennemi que nous devions enlever pendant la nuit. Les dits officiers ont pris les mesures nécessaires pour conduire leurs compagnies sur le terrain, et s'acquitter de cette besogne. Tous les obstacles étaient prévus; ils ont prévenu leurs compagnies de ce qu'elles avaient à faire pendant la nuit. On a fait la distribution de nouvelles cartouches et pierres à feu; et de suite une ration d'eau-de-vie par chaque homme, à minuit. Dans ce moment, on a assemblé les compagnies dans le plus grand silence, et le bataillon s'est mis en route sur-le-champ pour aller sur le terrain qui était à une demi-lieue de notre camp, à la droite du fort, où nous sommes arrivés à deux heures du matin. Étant vis-à-vis le retranchement que nous devions prendre, on nous a formés en bataille à une portée de pistolet, on nous a fait porter à droite et, dans le même moment, on a fait front et on s'est porté sur le retranchement de l'ennemi en exécutant un feu de peloton: on le leur a pris sans beaucoup de résistance de leur part, et on leur a fait quelques prisonniers. Pour le nombre des blessés et

des morts, on ne l'a su que par des déserteurs qui ont rapporté qu'ils avaient eu dans cette affaire environ 400 hommes hors de combat.

Nous nous sommes retirés sans y être forcés ; nous sommes venus derrière nos retranchements ; nous avons laissé les lieux tels que nous les avions trouvés. Notre bataillon a perdu dans cette affaire quarante-huit hommes tant tués que blessés. Ceci a eu lieu le 10, à trois heures du matin et nous sommes rentrés dans notre camp à six heures et demie du matin. Nos deux autres bataillons ont fait la même chose les jours suivants, mais avec moins de pertes.

Nous avons continué le service de cette place jusqu'au 20 nivôse, où nous avons été relevés à quatre heures du matin. Car depuis que les Autrichiens nous avaient pris un camp retranché qui était à la droite du fort, leur mitraille mettait en pièces tout ce qu'ils voyaient sur le pont dès la petite pointe du jour. Ils ont fait un feu avec leurs canons que la terre en tremblait. Entre sept et huit heures du matin, il y avait quatre barques de brisées à notre pont. Dans ce moment, il est venu un parlementaire au général qui commandait le fort et le sommait d'évacuer. Les généraux se sont assemblés, et se voyant dans l'impossibilité de conserver ledit Kehl plus longtemps sans y perdre bien du monde, à cause des canons de notre ennemi, sont convenus qu'on allait évacuer le fort. Cela s'est fait dans les vingt-quatre heures, du 20 au 21 nivôse ; et les troupes de l'empereur en ont pris possession suivant les arrangements convenus entre les deux puissances. En sortant de Kehl, nous sommes venus loger dans nos campements ordinaires qui étaient à Bischheim.

Je dirai que ce siège nous a donné bien de la peine. La rigueur de l'hiver semblait seconder nos maux ; la neige, la pluie glacée venaient s'appesantir sur notre léger habillement, et c'était là le temps qu'il a fait pendant ce siège. Nous devrions être bien habitués au froid ; nous étions campés sur le sable et nous ne pouvions pas avoir de bois pour faire notre soupe ; nous arrachions quelques petites racines du sol qui nous faisaient plutôt de la fumée que du feu : vraiment c'était misère et compassion[1]. Nos prêts

1. Rien n'est exagéré dans ce compte rendu de la situation. « Voulant rester à portée de l'Alsace pour profiter des intrigues que Pichegru continuait à ourdir, et pour lesquelles il était même revenu en personne à Strasbourg, les Autrichiens commencèrent par le siège de Kehl. Quelques travaux y avaient été faits pendant la campagne, et un camp retranché avait été établi en avant, mais tous ces ouvrages étaient simplement en terre, et paraissaient peu susceptibles de tenir longtemps contre une attaque régulière. Néanmoins, la défense fut telle qu'elle résista à *quarante-sept jours* de tranchée ouverte, pour ne laisser à l'ennemi que des monceaux de terre bouleversée. Il en fut de même à la tête du pont de Huningue dont les ouvrages étaient plus petits encore, et qui, attaquée depuis les premiers jours de novembre, ne fut évacuée que le 2 février suivant. Ces deux défenses mémorables ont été décrites dans des ouvrages spéciaux. » (SOULT.) — Voir le n° III de notre Supplément.

étaient arriérés de plusieurs mois et nous ne recevions pas un sou.

C'est pendant cette quarantaine que le vrai républicain s'est distingué, en y tenant son rang avec bravoure ; malgré le temps rigoureux de la saison d'hiver et la misère qui nous poignardait de tous côtés. Oui, beaucoup de citoyens le diront comme moi, sans se compromettre, que c'est dans ce poste d'honneur que l'on a pu connaître les vrais soldats, et l'amour qu'ils avaient pour le maintien de leur pays. L'endroit était périlleux. Un peu de pain glacé était là toute notre nourriture, cet endroit ne permettait pas d'y trouver du bois pour pouvoir un peu réchauffer nos pauvres membres tous navrés de froid au bivouac.

Pour nous, pauvres héros, les habillements et les chaussures manquaient depuis très longtemps, sans pouvoir en avoir ; et la plupart de nous n'ayant pas d'argent pour s'aider d'aucune manière, car il y avait trois mois qu'on n'avait touché de solde.

Après avoir fait mention de nos généreux guerriers, je parlerai de ceux qui ont, dans ce moment, abandonné si lâchement leurs drapeaux pour retourner dans leurs foyers. Ils ont profité du moment où leur patrie avait le plus besoin de leurs services pour exécuter leurs projets. Ce ne sont pas les plus misérables soldats qui ont agi de la sorte ; c'est ceux qui avaient tenu une conduite de brigands de l'autre côté du Rhin, qui avaient pillé et assassiné des hommes paisibles dans leurs foyers. Ils avaient de l'argent dans les mains, c'est pourquoi ils ont fui devant l'ennemi. Mais ces lâches ont été bien peu regrettés, on a regardé cela comme du venin qui sortait du corps d'un homme qui était empoisonné, et ils se sont rendus indignes du nom français, et de l'estime de leurs camarades. Je sais qu'il n'y a pas beaucoup de citoyens soldats qui ne désirent retourner au centre de leurs familles, mais enfin ce sera-t-il en quittant nos drapeaux et en nous sauvant comme des brebis égarées, que nous soumettrons à la paix des hommes orgueilleux.

Ils savent bien qu'elle leur serait utile, cette paix, mais la demanderont-ils en voyant la désunion dans nos troupes? Non! Je crois qu'il n'y a que l'union et la fermeté dans nos entreprises qui les forcera à nous demander la paix.

C'est dans le courant du mois de frimaire, an V de la République, que les désertions pour l'intérieur de la France étaient fréquentes dans l'armée de Rhin-et-Moselle.

Kehl était une belle petite ville, très commerçante; pendant le siège elle a été rasée de fond en comble; des bourgeois y étant venus, ne reconnaissaient pas l'emplacement de leurs maisons.

Nous avons entretenu l'armée autrichienne

pendant une partie de l'hiver, où elle a épuisé une partie de ses forces. Ce siège a été soutenu par notre armée pour favoriser la prise de Mantoue qui était bloquée par l'armée d'Italie, il y avait déjà longtemps, et le prince Charles n'a pu lui porter du secours.

24 *nivôse.* — Nous sommes partis de nos cantonnements des environs de Strasbourg à sept heures du matin; nous avons été loger au village d'Obenheim, situé à cinq lieues de Strasbourg.

25. — Sortis à quatre heures du matin pour loger au village de Bootzheim, à quatre lieues de Brisach.

29. — Partis à onze heures du matin pour aller prendre notre rang de bataille, à Artolsheim, village à quatre lieues de Brisach, à gauche sur la route. Étant dans ces cantonnements, nous bordions le Rhin.

25 *pluviôse.* — Partis pour aller à Sundhausen, village à une lieue du Rhin, sans y faire de service.

5 *ventôse.* — Sortis pour aller au village de Westhausen. C'était un commissaire du pouvoir exécutif du canton qui nous y avait fait aller, soi-disant qu'il ne voulait pas payer ses contributions. Ce village est situé à un demi-lieue de Benfeld, à gauche, près la route de Strasbourg.

6. — Partis à huit heures pour retourner dans notre cantonnement, à Sundhausen.

10. — Partis à cinq heures du matin pour cantonner au village d'Artzenheim, à une lieue de Markolsheim sur le Rhin.

17. — Partis, nous avons été loger à Biesheim, village à une demi-lieue de Brisach, où tout le bataillon était réuni. Nous sommes partis le 19 pour nous rendre à Wihr, village situé à trois quarts de lieues de Colmar.

22. — Sortis de Wihr pour loger à Colmar. Pendant notre séjour dans cette ville, nous avons passé la revue du général Schauenbourg, qui était pour le moment inspecteur général de toute l'infanterie de Rhin-et-Moselle. Nous avons été cinq jours pour la passer. Le 23, au soir, chaque capitaine a été placé par son ancienneté de grade dans chaque bataillon ; de sorte que la compagnie de Mondragon, qui était la cinquième du 1er bataillon, est devenue la troisième du 2me ; les autres jours se sont passés à faire les grandes manœuvres, avec la 56e demi-brigade.

27. — Partis pour aller cantonner à Wettolsheim, derrière Colmar, au pied des montagnes. Étant dans ce village, nous avons été faire deux fois les grandes manœuvres avec la 56me demi-brigade, dans les prés près de Colmar. Le 3 germinal, nous avons fait l'exercice à feu, les deux demi-brigades ensemble : chaque soldat

avait quinze coups à tirer. Après ces grandes manœuvres on est rentré dans ses cantonnements.

5 *germinal.* — Logé à Reguisheim, village situé à trois quarts de lieue de Ensisheim, à gauche.

6. — Cantonné à Blodelsheim pour faire le service sur le Rhin; ce village est à trois lieues de Brisach.

27 *germinal.* — Partis de Blodelsheim le 27 germinal pour passer le Rhin. Les postes sur le bord du Rhin de tous nos cantonnements n'ont pas été relevés; on les a laissé tels qu'ils étaient, et on a pris la route en arrière du Rhin. Nous avons été loger le même jour à Sainte-Croix, à cinq lieues du Rhin; le 28 à Merckviller; le 29 à Châtenois, bourg dans la montagne, près de Schelestadt; le 30 à Nordhausen.

1er *floréal.* — Nous sommes arrivés à Kilstett; endroit désigné pour le rassemblement de l'armée du Rhin-et-Moselle. Nous avons campé en arrivant dans une île près le Rhin, sur la droite du village. La nuit du 1er au 2, à quatre heures du matin, nous avons reçu les ordres de passer le Rhin. Dès le 1er floréal, on avait inquiété l'ennemi dans différents endroits sur le Rhin, afin qu'il ne se doute pas dans quel endroit on devait passer, ce qui a rendu notre passage plus aisé à exécuter, et avec moins de pertes. Nous avons donc, malgré la grande résistance d'une colonne autrichienne, passé le Rhin à quatre heures du matin, le 2 floréal.

Étant parvenus sur l'autre rive, et l'ennemi s'étant retiré dans plusieurs îles du Rhin, favorisé par des bois très épais, on a disputé pendant deux jours avec une intrépidité incroyable. Mais, après un si long combat, l'ennemi a été forcé d'abandonner ses positions, après avoir éprouvé des pertes considérables, tant blessés que tués ou prisonniers; ils ont été en déroute complète.

Nous avons aussi éprouvé quelques pertes à ce passage; entre autres deux généraux de blessés[1]. Mais les soldats républicains qui n'ont point succombé sous les coups de l'ennemi, ont su se venger du malheur arrivé à leurs frères d'armes; on leur a fait voir que si on était moins en nombre, on n'était pas moins en courage.

3 *floréal.* — Ils ont abandonné le Rhin à cinq lieues, en nous laissant une partie de leur artil-

1. Les généraux blessés furent au nombre de trois : Desaix. Duhesne et Jordy. Tous avaient payé de leur personne pour doubler l'élan des troupes dans ces deux belles journées. Arrivé de Paris la veille, le général en chef s'était jeté dans l'eau jusqu'à la ceinture pour aider, en tirant sur des cordages avec Desaix et son état-major, à dégager un bateau engravé. Duhesme avait eu la main percée d'une balle en battant sur une caisse de tambour avec le pommeau de son sabre pour ramener un bataillon à la charge.

lerie et bagages; et sans les bois qui favorisaient leur retraite, toute la colonne serait tombée en notre pouvoir.

Ce passage a été exécuté en plein jour et de vive force, l'ennemi étant rangé en bataille sur l'autre rive. On lui a enlevé 20 pièces de canon, plusieurs drapeaux et fait de trois à quatre mille prisonniers, parmi lesquels deux généraux [1].

Le fort de Kehl, devant lequel le prince Charles avait épuisé ses forces, a été repris par les Français après une résistance de quelques heures de la part de l'ennemi [2].

Pendant que le vainqueur de l'Italie stipulait les articles préliminaires de la paix, les armées des généraux Hoche et Moreau chassaient l'ennemi partout où il osait lui disputer le terrain.

4 *floréal*. — A quatre heures du soir, nous avons été devant la ville d'Offenbourg, où nous sommes arrivés à onze heures du soir.

A huit heures du matin, le général Bonenfant a reçu une lettre du général de division, qui était pour annoncer à ses frères d'armes qu'une ar-

1. Le seul général O'Reilli avait été fait prisonnier, mais le général Staray avait été tué, ce qui explique l'exagération apparente du chiffre.

2. Le fort fut enlevé par quelques dragons du 17e régiment, qui passèrent le Kintzig ; on était en train de le reconstruire sur un nouveau tracé.

mistice était conclue avec l'armée autrichienne, et que dès ce jour les hostilités devaient cesser entre les deux armées; mais qu'on garderait toujours ses postes tels qu'ils étaient établis, jusqu'à ce que la paix fût conclue.

Ce jour-là, on a reçu l'ordre de cantonner les troupes, et vers les cinq heures du soir, nous sommes sortis du camp devant Offenbourg, pour aller cantonner dans les villages aux environs à droite. Notre deuxième bataillon était au village de Weier, à une lieue.

6. — Sortis à cinq heures du matin pour camper en avant, à Offenbourg.

7. — Partis à neuf heures du matin pour cantonner dans les hameaux de la Forêt-Noire, à deux lieues à gauche d'Offenbourg.

9. — Partis à cinq du matin pour venir au village de Odelshofend, à une lieue en avant de Kehl. Tout le temps que nous avons été dans ce village, on allait démolir les retranchements que les Autrichiens avaient construits pour le siège du fort de Kehl; ces travaux étaient immenses; ajoutés l'un au bout de l'autre; il y en aurait eu quinze lieues de long. Nous avons cédé la place à une autre demi-brigade, chacun y faisant son tour.

20. — Logé à Ortenberg, à une lieue en avant d'Offenbourg.

23. — Cantonné à Ottenheim, à un quart de

lieue du Rhin et à deux lieues de la petite ville de Lahr appartenant au Margraviat. Cette principauté était neutre depuis l'an IV ou 1796.

1er *prairial.* — Partis à quatre heures du matin pour nous rendre vis-à-vis Rhinau pour y passer le Rhin sur un pont volant qui était rétabli. C'est là que la demi-brigade s'est réunie, et en même temps a passé le Rhin; elle a été loger à Herbsheim près le bourg de Benfeld, à quatre heures de Strasbourg.

2. — Cantonné au village de Roderen, à deux lieues de Schlestadt, au pied des montagnes.

3 *messidor.* — Sortis pour aller en garnison à Neuf-Brisach et cantonner sur les bords du Rhin; en y allant nous avons logé à Wihr, village à une lieue de Colmar.

4. — Partis à sept heures du matin, nous sommes venus loger à Biesheim, grand village à une demi-lieue de Brisach. Nous sommes entrés cinq compagnies du deuxième bataillon et cinq du premier en garnison à Brisach.

Le 5 messidor, à dix heures du matin, la fourniture de notre casernement n'était pas bien brillante : c'était de la paille sur le pavé et quelques couvertes.

5 *thermidor.* — Étant dans cette ville, nous avons célébré la fête de l'anniversaire de la révolution. La fête a commencé à six heures du matin. On a battu *la générale* dans toute la ville ; à six

heures et demie *l'assemblée*; ensuite le *rappel*. Il a été envoyé un détachement de canonniers aux pièces, près la porte de Strasbourg. Toute la garnison a pris les armes, ainsi que la garde nationale, et tous se sont rendus sur la place pour former le carré, en face de l'autel de la patrie, qu'on avait construit la veille du côté de la porte de Bâle. Le cortège est arrivé sur la place à sept heures: la marche était ouverte par un peloton de cavalerie de la garde nationale; ensuite, les tambours et la musique. Après, une compagnie de grenadiers de la garde nationale avec la nôtre; après, c'était notre colonel, le commandant de la place, la municipalité de Brisach et des villages voisins, décorés de leurs écharpes. Pour fermer la marche, c'était un peloton d'infanterie et un de cavalerie de la garde nationale. C'est au moment de leur entrée sur la place qu'on a tiré plusieurs coups de canon de siège. Une partie de nos officiers, les municipalités et plusieurs bourgeois de la ville sont montés sur l'autel de la patrie; y étant assemblés, un des membres y a fait un discours, qui rappelait entièrement la manière que la Révolution française avait eu lieu, et comment les prêtres et les émigrés s'y étaient pris pour faire une contre-révolution, que nous avions su déjouer, mais qu'il fallait être toujours ferme dans notre opinion de soutenir la nouvelle constitution. Ceci était les vœux de la garnison : nous n'avions pas fait tant de sacrifices pour abandonner notre patrie à de vils tyrans. Il faut cependant dire que la joie n'était pas générale, à cause des peines que nous souffrions. Cette fête était cependant glorieuse pour les Français, mais les soutiens de la patrie manquaient du plus strict nécessaire ; le prêt était arriéré de plusieurs mois, on ne délivrait aucun vêtement, enfin nous manquions presque de tout. Ceci pouvait bien faire régner la mélancolie parmi les troupes ; aussi la fête ressemblait à un enterrement. La fin du discours s'est terminé par : *vivre libre ou mourir !* et *vive la République !* Ces cris n'ont été répétés que par ceux qui étaient sur l'autel de la patrie ; ensuite on a commencé l'hymne de la *Marseillaise* qui était répétée par notre musique, mais les voix n'étaient pas unanimes, et cela a fini.

Le cortège a été reconduit de la même manière qu'il avait été amené, et la garnison est rentrée dans ses quartiers. A neuf heures du soir, le même jour, notre musique s'est rendue sur la place où elle a joué différents airs. Au même moment, les artificiers ont fait partir des feux en l'air et plusieurs marrons se sont fait entendre, et plusieurs autres fusées ont été envoyées parmi les spectateurs qui étaient sur la place. Ces dernières serpentaient parmi le monde, ce qui a donné le plus de divertissement de toute la fête; les femmes, qui sont ordinairement si curieuses, fuyaient à l'aspect de ces fusées, car elles craignaient que cela n'entrât sous leurs jupes. Après cela fait, les officiers de la garnison ont donné un bal pour finir la fête.

11 *thermidor*. — Nous sommes sortis de Brisach à huit heures du soir pour aller cantonner à Ammerschwihr, village à trois lieues de Colmar, à gauche, au pied des montagnes. Nous y sommes arrivés à cinq heures du matin, le 12. Toute cette contrée était attaquée d'une grande maladie sur les bêtes à cornes, comme vaches et bœufs. Des villages étaient dépeuplés entièrement de ce bétail; on ne trouvait point de remède pour cette maladie, ce qui affligeait beaucoup les habitants et les cultivateurs. Toutes ces montagnes ne sont que des vignobles qui sont d'un grand rapport; il y a aussi beaucoup de fruits de toutes espèces. Dans le bas de ces villages, venant sur le Rhin, il y a de belles plaines, qui sont assez fertiles en toutes sortes de grains et en pommes de terre.

10 *fructidor*. — Partis à quatre heures du matin pour nous rendre sur le Rhin, au village de Baltzenheim, à deux lieues de Brisach. Arrivés le même jour à dix heures du matin. Dans ce village, nous avons appris qu'on avait fait la découverte des conspirateurs du repos public et

de la trahison de Pichegru (1) qui avait commandé à l'armée du Nord, où il avait remporté de si brillantes conquêtes. Il voulait perdre dans un moment ce qui nous coûtait tant de peines; il voulait livrer nos places fortes aux Impériaux et à Condé, qui voulaient que ce fut lui seul qui fît la contre-révolution en France. Mais aussi la trahison de Pichegru a manqué, grâce à toutes nos armées qui avaient fait une pétition au Directoire exécutif, ce qui a ranimé les cœurs des bons républicains quand ils ont vu que les armées étaient encore pour le bon parti.

Le 1er *vendémiaire* an VI. — Jour qui ne devait plus être consacré à la République, selon le complot des conspirateurs. Nous avons célébré avec beaucoup de pompe la fête de l'anniversaire de la fondation de la Républipue. Voici le détail de la manière dont nous l'avons célébrée.

Cette fête a été annoncée la veille au soleil

1. Les intelligences de Pichegru avec l'ennemi avaient commencé en 1795, et ses fausses manœuvres préméditées compromirent alors l'armée de Jourdan. Déporté en 1797, il s'évada pour s'allier ouvertement aux ennemis de sa patrie, et revenir mourir honteusement à Paris. Le prix stipulé pour sa trahison comprenait une infinité d'articles: le gouvernement d'Alsace, le grade de maréchal, deux grands cordons, douze canons, le château de Chambord, la terre d'Arbois, un million d'argent et deux cent mille livres de rentes. En attendant la réalisation de ces promesses, le ministre anglais de Suisse lui faisait passer des subsides. Moreau, auquel on avait apporté la preuve écrite de ce pacte, fut accusé de l'avoir divulgué trop tard.

couchant pas une décharge d'artillerie de position, et le lendemain une pareille décharge a été faite au soleil levant. Vers les dix heures, la générale a été battue dans tous les endroits où il y avait de la troupe; chacun a pris les armes et s'est rendu sur la place de Brisach. Nos grenadiers étaient avec la garde nationale de Brisach qui était composéé de deux compagnies et de deux pelotons de cavalerie. Notre musique et tous les tambours ont été ouvrir la marche du cortège qui était composé de généraux, chefs de brigade, officiers et autorités civiles de Brisach. La marche a été ouverte par un peleton de cavalerie, et, après, un peleton de grenadiers; ensuite les tambours et la musique. Puis une compagnie de chasseurs à pieds de la garde nationale, qui était formée de petits garçons de dix à douze ans très instruits, venait après. Puis, une soixantaine de jeunes citoyennes du même âge marchaient sur deux rangs; elles étaient vêtues en blanc, avec un ruban tricolore en écharpe, et tenaient dans leurs mains des panetières remplies de fleurs, de branches de chêne et d'olivier. Quatre petits garçons, aussi habillés de blanc, marchaient en tête et portaient entre eux une grosse couronne de chêne, de laurier et d'olivier surmontée d'un bonnet de liberté. Après, venaient les généraux, la municipalité, les commandants, les officiers, puis un peleton de grenadiers de ligne et la garde nationale; ensuite un assez grand nombre d'hommes de cinquante à soixante ans, armés de piques. Un peloton de cavaliers fermait la marche. Toute la troupe et le cortège s'est rendu dans cet ordre sur la place, devant l'autel de la patrie qui avait été établi le matin. Cet autel était construit par derrière avec des branches de chêne; il avait douze pieds de diamètre; les balustrades étaient couvertes de tapis de différentes couleurs; sur l'autel, étaient placés des vases remplis d'encens, avec la déesse au milieu. Sur le coin, devant l'autel étaient élevés des pilastres de marbre, après lesquels étaient attachés huit drapeaux blancs sur lesquels était peinte une urne renversée, avec le bâton royal; sur d'autres était un capucin tenant dans une de ses mains une croix, et dans l'autre une torche ardente; sur le haut des pilastres étaient un drapeau tricolore et un bonnet de liberté.

Les principaux membres du cortège sont montés sur l'autel, et un d'entre eux a fait un discours sur la fondation de la République, après quoi les jeunes citoyennes qui étaient assises devant l'autel ont chanté une hymne républicaine. Cela fait, les troupes ont défilé de la place pour se rendre sur les glacis de la ville, à droite de la porte de Strasbourg. A l'arrivée des troupes sur la place qui avait été désignée, plusieurs décharges d'artillerie ont été faites. Les troupes étant rangées en bataille, le général a fait mettre par divisions, en colonnes; puis il nous a fait un discours pour nous féliciter de notre bravoure et de notre intrépidité, en nous exhortant à continuer. C'est à ce moment qu'il a renouvelé son serment d'être fidèle à la nouvelle constitution; toute la troupe a aussi promis. De suite, il a fait déployer la colonne pour faire des feux de bataillons et de file; le canon faisait de même; chaque soldat avait douze coups à tirer. Après ces feux finis, toute la troupe est rentrée dans ses quartiers.

A huit heures du soir, trois coups de canon ont été tirés. Un détachement armé de grenadiers s'est rendu près le feu d'artifice qui était entre le Vieux-Brisach et le Neuf. Sur les glacis, toute la troupe y a assisté sans armes, ainsi que toute la population de Neuf-Brisach et des environs. Ce feu d'artifice a duré une heure et demie. Le feu fini, chacun est rentré dans ses foyers. Pour célébrer cette fête, il y avait deux bataillons de notre demi-brigade, une compagnie d'artillerie légère, une compagnie ou deux de grosse cavalerie.

Nous avons fait le service de la place de Brisach pendant quelque temps. Ceux qui étaient à la ville venaient relever ceux qui étaient dans les villages sur la rive du Rhin, et ceux des villages revenaient à la ville, car la garnison n'était pas bonne. De la paille sur le pavé et des couvertes servaient pour coucher; l'hiver il y faisait froid, et l'été c'était rempli de puces; mais, dans les villages, quoiqu'ils fussent pauvres; on y était encore mieux. Nous étions une compagnie par village selon le service qu'il y avait à faire sur le Rhin.

17 *vendémiaire*. — Sortis de Baltzenheim pour aller en garnison à Brisach, nous y sommes arrivés à sept heures du matin. On nous a annoncé que l'armée de Sambre-et-Meuse et celle du Rhin-et-Moselle ne faisaient plus qu'une, qui se nommait armée d'Allemagne, commandée en chef par le citoyen Augereau.

Détails de la fête qui a eu lieu le 30 vendémiaire an VI de la République française. Nous l'avons célébrée à Neuf-Brisach, en l'honneur du général Hoche, un des grands hommes que la République a perdus. Il est mort dans les environs de Paris[1].

1. Le maréchal Soult dit beaucoup en peu de lignes sur les causes possibles de la mort trop subite de Hoche : « Cependant, l'esprit républicain était encore très vif dans les rangs de l'armée; aussi, quand la lutte fut engagée entre la majorité des conseils et celle du Directoire, celle-ci appela l'armée à son secours. On donna le mauvais exemple de faire faire des adresses par des corps de troupes. Le général Hoche fut à Paris, et l'on fit avancer deux divisions de l'armée Sambre-et-Meuse dans les environs de la capitale, sous le prétexte de les envoyer sur les côtes de l'Océan. Ce mouvement eut lieu à l'insu du directeur Carnot et du ministre de la guerre lui-même, du moins ce der-

Cette fête de reconnaissance a été annoncée

nier en fit la déclaration. Le général Bonaparte fut plus circonspect que le général Hoche : il se borna à envoyer à Paris le général Augereau, qui fit le coup de main du 18 fructidor. Quant au général Hoche, il s'aperçut probablement au dernier moment, qu'il ne jouerait pas dans le coup d'Etat projeté le rôle qu'il croyait devoir lui revenir, et qu'il y serait associé à des hommes avec lesquels il ne pouvait lui convenir d'être confondu. Il se hâta donc de rejoindre son armée, mais à peine était-il arrivé à son quartier général de Wetzlar, qu'une courte maladie, dont la nature parut assez extraordinaire, l'emporta, le 19 septembre (troisième jour complémentaire). Des bruits d'empoisonnement circulèrent d'abord; les soupçons se fondaient sur ce que le général Hoche était vraisemblablement dépositaire de secrets importants, et qu'il devait y avoir des personnes intéressées à ce qu'il cessât de leur porter ombrage par sa supériorité et l'ascendant qu'il exerçait sur son armée, voisine de la France. On ne peut pas admettre légèrement des soupçons d'une nature aussi grave, et il est plus que probable qu'ils n'avaient rien de fondé, cependant ils n'ont jamais été éclairci. Quoi qu'il en soit, les plus sincères regrets l'accompagnèrent au tombeau, et, pour en perpétuer le souvenir, l'armée fit élever un monument dans la plaine entre Coblentz et Andernach, où son corps fut déposé.

« Le général Hoche possédait les qualités qui constituent le grand capitaine, et il les faisair ressortir par les dons extérieurs les plus séduisants. Son port noble et majestueux, sa physionomie ouverte et prévenante, attiraient la confiance à la première vue, comme sur les champs de bataille, toute son attitude commandait l'admiration. Un coup d'œil prompt et sûr, un caractère entreprenant qu'aucune difficulté n'était capable d'arrêter, des sentiments très élevés, et en même temps, une grande bonté, une sollicitude constante pour le soldat : il n'en fallait pas tant pour que l'armée aimât en lui un chef qui avait toujours été heureux, et qui avait la gloire d'avoir pacifié la Vendée. On lui a reproché l'ambition. Il n'avait que trente ans, lorsque la mort l'enleva à la France ; à cet âge, à la tête d'une armée, avec la réputation dont il jouissait et le sentiment qu'il avait de sa propre valeur, il était bien difficile de se préserver de l'ambition, surtout lorsqu'il voyait s'élever à ses côtés des réputations qu'il se croyait capable d'égaler. Aussi je crois que si Hoche eut vécu, il eût prévenu le 18 brumaire, ou du moins qu'il eût pris le rôle de Pompée, lorsque le nouveau César vint s'emparer du pouvoir suprême. »

la veille par plusieurs décharges d'artillerie; le lendemain 30, à six heures du matin, une décharge d'artillerie s'est faite de quart d'heure en quart d'heure; les cloches de la ville ont été sonnées pendant une heure. A dix heures, les autorités civiles et militaires se sont assemblées et se sont rendues à la maison communale où tout le monde devait se réunir. Quant tout a été prêt, on s'est mis en marche; le cortège était ouvert par un détachement de cavalerie de la garde nationale, ensuite venaient les vieillards rangés sur deux rangs; le premier qui marchait à la tête portait une bannière sur laquelle était écrit: *Nos enfants suivront son exemple.* Marchaient après eux des jeunes femmes habillées de blanc, un crêpe en écharpe; un petit garçon de sept à huit ans portait une bannière, sur laquelle était écrit : *Il était bon père et bon époux.* — Après eux marchaient une quantité de jeunes filles de huit à onze ans, aussi habillées de blanc ; elles portaient dans leurs mains des guirlandes de laurier et de chêne, et de petites corbeilles remplies de toutes sortes de fleurs. Après venait notre musique qui jouait des airs funèbres ; après venait un char de triomphe attelé de deux chevaux gris-souris avec harnachements de deuil; aux quatre coins étaient placés quatre jeunes citoyennes âgées de onze à douze ans, bien mises, coiffées en cheveux, avec une guirlande de roses par dessus; un ruban très large, tricolore, mis en écharpe.

Ces quatres citoyennes portaient chacune une bannière, sur laquelle on avait inscrit : 1° *Il allait être le Bonaparte du Rhin;* 2° *Immortel après sa destinée;* 3° *Il a inspiré la terreur aux rois. — Son ennemi fuit devant sa vaillance.* — Au milieu du char était placé en effigie le cercueil couvert d'un drap mortuaire; dans l'un des bouts était écrit : *ici git Hoche.* Son portrait était au bas de cet écriteau; au milieu dudit cercueil était placé un chapeau bordé en or, avec le panache tricolore qui est la coiffure de nos généraux. Les coins du drap mortuaire étaient portés par les quatre plus anciens de service, pris parmi les officiers et soldats indistinctement. Les estropiés qui se sont trouvés dans les dépôts, qui étaient à Brisach, suivaient le char. Ensuite, venaient les tambours voilés en noir, qui exécutaient de temps en temps des roulements sombres. Ensuite venaient les généraux, les officiers de la garnison et les autorités civiles; il y avait un détachement de cent hommes faisant la haie, et un détachement de grenadiers qui suivait le cortège sur deux rangs; le reste de la troupe était sans armes.

Après avoir fait le tour de la ville en dedans, tout le cortège a été conduit à l'église; on a placé l'effigie de cercueil sur un autel de la patrie qui avait été préparé, et tout le tour était décoré de larmes. La musique a joué plusieurs airs funèbres. Puis on nous a fait le détail de la manière dont on avait fait l'enterrement à Paris, et comment toutes les communes de la République devaient célébrer une fête de reconnaissance pour le général Hoche. Ce discours fini, les jeunes citoyennes ont chanté plusieurs hymnes funèbres et républicaines. Puis notre chef de demi-brigade a fait un discours où il a rappelé plusieurs traits de bravoure du citoyen Hoche; ensuite la musique a joué à plusieurs reprises, pendant que toutes les jeunes citoyennes porteuses de guirlandes, de couronnes de laurier et de branches de chêne, les déposaient autour du cercueil et par-dessus. Ceci a été exposé plusieurs jours à l'église, et chacun s'est retiré dans ses logements.

Dans le même temps, nous avons appris la paix avec l'empereur[1]. C'était le 5 brumaire (27 octobre), par une lettre venant du Vieux-Brisach, qui avait été envoyée au commandant des troupes autrichiennes qui étaient pour le moment dans la principauté du Margraviat. Cette lettre disait que la paix était faite avec la République française depuis le 17 octobre 1797[1].

1. C'est effectivement à cette date que fut signé le traité de Campo-Formio.

Nous l'avons appris de nouveau par les gazettes qui venaient de Paris le 12 brumaire.

Cette paix nous a été publiée le 25 brumaire (15 novembre), à dix heures du matin, à Neuf-Brisach. On n'a fait aucune réjouissance pour le moment; la fête a été remise au 30 nivôse, elle s'est célébrée avec toute la pompe possible, selon les préparatifs.

1er *frimaire.* — Partis de Brisach pour nous rendre dans nos cantonnements sur la ligne du Rhin; notre compagnie était toujours à Baltzenheim.

1er *nivôse.* — Partis de nos cantonnements pour nous rendre à Neuf-Brisach pour relever nos quatres compagnies.

25. — Partis de Brisach, le 25 nivôse, pour nous rendre à Strasbourg, toute la demi-brigade. Nous avons logé en y allant, le 25 à Schelestadt; le 26: à Erstein, le 27 à Strasbourg; là on a reçu des ordres pour aller cantonner dans des villages à trois ou quatre lieues de Strasbourg, sur la gauche; le 28, nous avons été chacun dans les villages qui nous étaient désignés; notre compagnie était à Kirchheim, à trois lieues de Strasbourg.

6 *pluviôse.* — Sortis de ce village pour aller cantonner au village d'Herrlisheim, sur la route de Lauterbourg. Je remarquerai que c'est le 1er pluviôse qu'on nous a retiré notre viande, quoique nous eussions six décades de prêts ar-

riérés, mais cela n'a pas duré longtemps car nous sommes bientôt rentrés en campagne.

11 *pluviôse*. — Partis d'Herrlisheim pour aller à Strasbourg. Le lendemain de notre arrivée, le général Schauenbourg a rassemblé les officiers et sous-officiers de plusieurs demi-brigades, et nous a fait faire la grande manœuvre.

13. — Il est venu des ordres pour marcher vers la Suisse; nous sommes partis tout de suite; nous avons logé à Hüttenheim, près de Benfeld; le 15 à Schlestadt; le 16 à Oberhergheim, village entre Colmar et Ensisheim; le 17 à Baldersheim, à une lieue et demie à droite d'Ensisheim, sur la route de Bâle. Le 18 à Rantzwiller, en arrière et près de Sierentz, dans la vallée d'Altkirch; le 19 à Suënaï? village dans la colline du mont Terrible, à trois lieues de Reinach, à droite, et à quatre lieues de Delemont; le 20 à Viques dans la plaine de Delemont; le 21 à Eschert, petit hameau situé à trois lieues de Delemont, et à une demi-lieue de Moutier. Pour arriver dans cette colline, nous avons traversé deux lieues de montagnes de roche à perte de vue. Ces endroits sont habités et forment plusieurs petites communes. On avait donné la liberté à cette vallée quelques mois avant que les Français y aient été cantonnés, ils étaient autrefois alliés avec les Suisses; ils ferment la frontière du canton de Soleure. Cette vallée a aussi appartenue au

prince du Porentruy; on y parle un patois que nous comprenions assez. Leurs maisons sont toutes construites en bois, en grande partie; tout leur commerce est en bœufs, vaches, chevaux; ils ont très peu de terres labourables. Comme les hameaux n'étaient pas bien grands, ils logeaient une compagnie.

Nous sommes partis d'Eschert le 3 ventôse pour nous rendre à Moutier, chef-lieu de canton et faisant partie du département du Mont-Terrible; une partie de notre compagnie a été détachée à Belpraon, hameau près de ces cantonnements. Le 5, à huit heures du matin, nous avons été loger à Soncelboz, village où nous avons eu bien de la peine à arriver, car il y avait trois jours qu'il tombait de la neige, et ce jour-là il en est tombé toute la journée, de sorte que nous en avions jusqu'aux genoux. Dans le même village, il y avait deux années de suite que la grêle avait tout ravagé.

8. — Partis pour aller à la Hutte, (tous ces villages sont dans la même vallée, sur la route de Bienne.) En allant à la Hutte, nous avons passé sous la Roche-Percée. La Hutte était le lieu où notre demi-brigade s'est rassemblée avant d'aller attaquer les Suisses. La vallée que nous quittions se nommait l'Erguel; notre colonne en portait le nom jusqu'au moment où elle entrait en Suisse.

Partis de la Hutte le 9 à cinq heures du soir,

nous avons suivi la route de Bienne. Nous avons été camper à trois lieues sur la gauche du dit Bienne, entre la route de Bienne et Soleure et à gauche de la rivière nommée l'Aar, à une demi-portée de fusil du village de Lengnau où étaient les avant-postes suisses. Les mesures étaient prises pour attaquer les Suisses à trois heures du matin le 10 ventôse; mais l'attaque n'a pas eu lieu. Les généraux suisses ont fait une demande au général Schauenbourg qui commandait l'armée française en Suisse, de leur accorder une suspension d'attaque pour vingt-quatre heures, et elle a duré jusqu'au 12, lequel jour on les a attaqués.

12 *ventôse*. — L'attaque a commencé à quatre heures du matin; leurs avant-postes, qui étaient établis au village de Lengnau, ont été enlevés. L'armée, qui était dans le canton, n'a pu résister à l'ardeur de la colonne républicaine; leur artillerie a été enlevée de prime abord; car l'attaque a été vive de notre part. Dans ce combat, plusieurs Suisses ont perdu la vie, et la plus grande partie étaient des pères de famille; ceux auxquels j'ai parlé, qui n'avaient que la cuisse ou les jambes fracassées, regrettaient les épouses et les enfants qu'ils avaient laissés dans leurs maisons pour venir exposer leur vie sur les frontières.

Notre camp était à trois lieues de la capitale de ce canton, qui est Soleure. Quoique fortifiée, elle s'est vue forcée de se rendre à l'arrivée de notre colonne, sans tirer un coup de canon, quoique ses remparts en soient bien garnis. Nous sommes entrés à Soleure entre dix et onze heures du matin, le 12 ventôse. Nous sommes restés deux bataillons de notre demi-brigade pendant que notre colonne a défilé. Le premier soir nous avons été bivouaquer sur les remparts jusqu'au lendemain à quatre heures du soir, où nous sommes rentrés dans nos logements chez les bourgeois. Nous y avons été reçus on ne peut pas mieux. Notre troisième bataillon a été camper sur la route de Lucerne, près d'un village, à une portée de canon de la ville, pendant que la colonne marchait sur Berhe.

Étant dans la ville de Soleure, le général Schauenbourg a fait rendre les armes à tous les bourgeois de la ville et à tous les habitants de ce canton. Il arrivait tous les jours des voitures chargées de fusils, de gibernes et de toutes sortes d'armes, que l'on plaçait dans l'arsenal pour être de suite envoyées en France.

On a trouvé dans cette ville un arsenal assez bien garni de différentes armes, une quantité de bouches à feu en bronze qui avaient été fondues à Strabourg; beaucoup de belle poudre de deux qualités. Cette ville est assez grande, il y a de belles rues, mais il y a plusieurs hauteurs qui déparent un peu leur beauté. Elle renferme beaucoup de marchands de toutes sortes. La construction des maisons est fort belle et assez élevée.

J'ai remarqué sur la place, où nous avons planté l'arbre de la liberté, une horloge dont le cadran portait les douze mois de l'année, et les signes de chacun. Lorsqu'ils arrivaient, la touche se posait dessus, et il y avait un autre petit cadran qui marquait les heures. Au moment où le marteau frappait, il y avait la mort qui tenait une lampe dans sa main gauche, elle faisait un tour et de même remuait la tête. De l'autre côté, il y avait une espèce d'homme, qui avait du repentir, car à chaque coup que le marteau frappait, il frappait un coup sur sa poitrine, de sa main droite. C'était un guerrier, car il avait le sabre. Au côté, entre les deux, était un vieillard avec une grande barbe noire ; il ouvrait la bouche à chaque coup, et tenait de sa main gauche le bâton royal qu'il balançait de tous les côtés.

La rivière de l'Aar passe à Soleure, et la partage en deux parties inégales.

Nous sommes sortis un bataillon de la ville. Comme elle n'était pas assez considérable pour contenir deux bataillons, notre bataillon a été cantonné dans les environs de la ville, dans les villages. C'était le 20 ventôse que chaque compagnie a été prendre les cantonnements qui leur était désignés, mais toujours dans le même canton. Je citerai seulement les endroits où je me suis trouvé.

Notre compagnie était cantonnée à Subingen, village à une lieue et demie de Soleure, sur la route qui conduit de Soleure à Lucerne, de l'autre côté de l'Aar. Nous avons changé plusieurs fois de cantonnements, dans le même canton. Sortis de Subingen le 2 germinal pour cantonner au village d'Aschi? et à deux lieues et quart de Soleure.

8 *germinal*. — Nous sommes partis pour aller cantonner à Langenthal, bourg situé à une demi-lieue des frontières du canton de Lucerne et à dix lieues de Berne. J'ai été voir un couvent de Bernardins qui était sur les frontières du canton de Lucerne, où j'ai parlé un peu du couvent de Clairvaux; il était du même ordre de Citeaux.

Étant dans ce cantonnement, nous avons été à Soleure pour y faire l'exercice à feu. Nous avons couché le 29, en y allant, à Nider-Bipp, village dans le canton de Berne, sur la route de Bâle.

30 *germinal*. — Nous nous sommes rendus à Soleure; là nous avons fait l'exercice à feu pendant trois heures; nous étions cinq bataillons, de l'artillerie et de la cavalerie; c'était le général Schauenbourg qui commandait. Après l'exercice fini, chacun est retourné volontiers dans ses cantonnements.

6 *floréal.* — Sortis de Langenthal à six heures du matin pour aller à Zurich, nous avons logé en y allant à Olten, ville dans le canton de Soleure, sur l'Aar, où différentes routes se trouvent pour Bâle, Zurich, etc. Je dirai que lorsque nous sommes entrés dans ce canton, les Suisses avaient brûlé un superbe pont qui traversait l'Aar pour entrer à la ville de Halte; on était à le rétablir lorsque nous y avons logé.

7 *floréal.* — Partis de Olten à cinq heures du matin, nos fourriers ont été comme de coutume pour nous préparer nos logements. Lorsqu'ils se sont présentés au village désigné pour y loger quatre compagnies, on y était sous les armes et on a dit à nos fourriers de s'en retourner, que la paix n'était pas faite avec eux, et qu'ils ne voulaient pas nous loger.

C'était au village de Bagglingen, nous avons rencontré nos fourriers qui nous ont dit que si on voulait être logé, il fallait gagner les villages. Aussitôt, le plus ancien de grade des officiers des quatre compagnies, a disposé la troupe pour entrer dans les villages. On leur a envoyé demander s'ils voulaient nous loger; ils ont répondu que non et que l'on se retire, ou qu'ils allaient faire feu. Dans ce moment, on a envoyé des tirailleurs et aussitôt le feu a commencé; ils nous voyaient peu de monde et croyaient que nous serions bientôt vaincus; mais ils ont été bien trompés, car nous les avons chassés de leurs villages, et ils ont été en grande partie se réfugier dans les bois. Il y en avait plusieurs qui avaient caché leurs armes et se trouvaient devant nous; on les renvoyait dans leurs maisons. Les femmes se sauvaient avec leurs petits enfants au berceau; tout cela faisait pitié au cœur humain; mais aussi toutes celles que l'on rattrapait, on les faisait retourner dans leurs foyers. La plupart avaient un fusil dans une main et un chapelet dans l'autre.

Lorsqu'ils ont été repoussés hors de leurs villages, nous sommes revenus prendre une position en arrière. Peut-être une heure après, ils sont venus une colonne d'environ quinze cents hommes avec deux pièces de canon, et ont tiré deux coups qui n'ont pas fait d'effet. Il nous est aussi venu du renfort, de l'infanterie légère et un détachement de hussards. Réunis tous ensemble à l'entrée de la nuit, nous les avons mis en déroute et nous avons été maîtres de nos cantonnements, où nous avons bivouaqué.

Ce village de Bagglingen est dans le bailliage nommé anciennement Canton-libre-inférieur. Nous en sommes partis le 9, à huit heures du matin, pour aller à Zurich où nous sommes arrivés le même jour. Cette ville porte le nom du canton où elle est située, sur le bout du lac du même nom, et de ce lac sort une rivière qui passe dans Zurich, et se nomme Limmat, et fait jonction avec deux autres rivières qui se nomment, l'une la Reuss, qui sort du canton de Lucerne, et l'autre l'Aar, qui sort du canton de Berne. Ces trois rivières sont réunies près d'une petite ville qui se nomme Brugg, et de là tombent dans le Rhin.

11 *floréal.* — Partis de Zurich [1] à midi, nous avons été loger au village nommé Thalwyl, situé sur le lac et à deux lieues de la ville, sur la droite.

12. — A deux heures du matin, nous avons été camper près le village nommé Lachen et de même situé sur le lac dans le canton de Schwytz.

13. — Partis à neuf heures du matin pour retourner sur nos pas et cantonner au village de Frienbach ; nous étions quatre compagnies, les mêmes qui s'étaient trouvées à Bagglingen. Ce village et les autres qui ont été nommés sont

1. Une entrée des troupes françaises à Zurich avait été précédée d'une proclamation qui promettait que rien ne serait demandé pour l'entretien des troupes, dont la solde et les subsides étaient, disait-elle, assurés par les convois de France. Une fois en ville, il fallut cependant faire des demandes de vivres ; elles furent justifiées par l'excuse que les convois étaient malheureusement en retard ; on fit la promesse de les rendre en nature, à l'arrivée des convois, ou de les rembourser avec les premiers fonds que le Directoire enverrait. L'agent du Directoire sanctionnait par sa présence cet engagement. Quelques jours après, un arrêté impose à la ville de Zurich une contribution extraordinaire de guerre payable dans un très court délai ; l'abus de la force était la seule raison à donner d'un pareil manque de foi. Une députation de notables se rend auprès du général commandant, pour lui faire des représentations. Le général était d'autant plus embarrassé de répondre qu'il n'était lui-même pas

sur le lac, à droite. En sortant de Zurich, nous n'avons pas été sitôt arrivés dans le cantonnement, qu'une attaque s'est formée entre les Suisses du canton de Schwytz et quelques compagnies de la 76e demi-brigade de ligne, vers les onze heures du matin. Dans le même moment, le citoyen Mondragon, qui était le plus ancien de grade des capitaines du détachement, a aussitôt donné ordre de battre les coups doubles, pour assembler les compagnies et pour marcher vers l'endroit de l'attaque. Au lieu d'aller où on se battait, ledit capitaine nous a fait monter une montagne prodigieuse, pour les prendre par derrière. Par le fait, la montagne a été franchie avec beaucoup de courage; arrivés au sommet, le commandant de la troupe a fait battre la charge. Je dirai qu'avant d'être au sommet de la montagne, nous étions déjà assaillis de coups de

coupable; il n'avait agi que d'après des ordres. Il cherchait comme la première fois, à trouver des excuses dans le retard des convois attendus de France, dans les besoins pressants de l'armée, lorsque l'orateur de la députation le tira d'embarras : « Général, lui dit-il, nous ne sommes pas venus pour vous reprocher d'avoir oublié vos engagements que sans doute on vous a obligé à violer, ni pour nous plaindre que la contribution soit trop forte, *mais pour vous dire, au contraire, que nous pouvons payer davantage, et pour vous prier de nous le demander.*

Puis, lui saisissant vivement la main : « *Quand vous nous aurez pris*, ajouta-t-il, *des richesses qui ont énervé notre courage et dont nos ancêtres savaient se passer, nous reviendrons dignes d'eux, nous reviendrons Suisses.* »

Nous donnons d'après les *Mémoires* du maréchal Soult (comme toujours) ce beau trait qui est à méditer en tout temps et en tous pays.

fusil. Pendant que la charge se battait, on a commencé le feu sur les Suisses, qui sont venus nous disputer le terrain ; mais il a fallu qu'ils cèdent, ou ils auraient tout payé. Dans cette affaire, plusieurs pères de famille sont restés sur le champ de bataille; après, les plus hautes montagnes ne les rassuraient plus, ils abandonnaient leurs chaumières et s'allaient retirer dans des lieux inhabitables.

Le même jour, au soleil couchant, nous avons descendu la montagne et nous sommes revenus dans notre cantonnement.

14. — Partis à deux heures du matin, pour nous disposer à de nouvelles poursuites. Nous avons pris la route qui conduit à Notre-Dame-des-Hermites; nous avons monté une fort haute montagne, et, étant au sommet, près d'une grosse auberge, nous avons occupé la position que les Suisses avaient abandonnée la veille. Cette montagne se nomme Etzel, et est à une lieue du couvent de Notre-Dame-des-Hermites, où on la voit facilement. Dans les environs de ce couvent, on n'y récolte point de grains ; il est de même environné de montagnes couvertes de neige. Dans cette contrée, il y a des pâturages pour les bêtes à cornes; aussi voilà ce qui les nourrit : quelques pommes de terre, du fromage et du lait.

16. — Nous sommes revenus prendre les cantonnements du 13.

21. — Partis de Frienbach à huit heures du matin, notre marche a été dirigée sur la République ligurienne en Italie. Je dirai que nous avons passé à la ville nommée Rapperswyl, située sur le lac, du côté gauche. Avant d'entrer dans la ville, il y a un pont qui a une demilieue[1]. Je vais citer seulement les endroits où nous avons logé; car le voyage est si long et le temps si court que je ne puis pas faire beaucoup d'observations.

21 *floréal.* — Arrivés au village nommé Thatwyl, à la pointe du jour, nous en sommes partis le 22 à huit heures du matin; nous sommes passés à Zurich à dix heures; nous avons poursuivi notre route en traversant plusieurs hautes montagnes et nous sommes venus loger dans les environs de Mellingen, bourg situé sur la Reuss dans le village où nous étions; ce village se nommait Waltenschwyl.

23. — Partis de ce village à six heures du matin, nous sommes venus loger à Aarburg, dans le canton de Berne, situé sur l'Aar, où il y a un fort assez important.

24. — Partis à sept heures du matin, nous sommes venus loger dans les environs d'Herzogenbachsee; nous étions à Niederhaus; notre compagnie de même dans le canton de Berne.

1. Il a une longueur de 1800 pieds.

25. — Partis à cinq heures du matin. Logé dans la ville de Berne. J'ai remarqué qu'il y avait une belle grande rue ; il est vrai qu'elle va un peu en montant, et, à la distance de quatre-vingts pieds, il y a une fontaine. J'ai vu une horloge assez curieuse : tout le temps que le marteau frappe sur la cloche, il y a auprès du cadran un tour fait comme une table ronde sur laquelle il y a des ours qui défilent la parade, avec des instruments de guerre ; il y en a qui sont montés sur des chevaux : enfin cela est amusant.

Toutes les rues de cette ville sont ornées de belles arcades où il y a toutes sortes de marchands. Au-dessus de la porte, du côté de Lausanne, la personne de Guillaume Tell est représentée.

27 *floréal.* — Partis à quatre heures du matin Logé à Morat, ville située sur le lac de ce nom.

28. — Partis à six heures du matin. Logé aux environs de Payerne ; nous étions au village de Fétigny.

29. — Partis à trois heures du matin. Logé à Moudon dans le pays de Vaux, ci-devant alliée avec Berne, et située sur le bord de la Broye. Cette ville était anciennement la capitale du pays ; on y voit encore aujourd'hui une ancienne tour qui a été bâtie du temps de Jules César.

30. — Partis à quatre heures du matin, nous sommes venus loger à Lausanne, capitale de son canton, située au pied d'une montagne, sur le bord du lac de Genève. Tous les endroits où nous sommes passés sont en grande partie des vignobles.

1er *prairial*. — Partis à trois heures du matin, nous avons suivi le lac, et sommes venus loger à Villeneuve et dans les environs. Cette ville est située sur le bout du lac de Genève ; notre compagnie était logée dans un village à une lieue de de Villeneuve, et entre des montagnes extrêmement hautes, où il y a toujours au sommet une quantité de neige.

3. — Partis à huit heures du matin, nous sommes venus loger à Saint-Maurice, dans le bas Valais.

Avant d'entrer dans la ville, on passe sur un pont qui traverse le Rhône et va tomber dans le lac de Genève.

4. — Partis à six heures du matin. Logé à Orsières dans le bas Valais, sur la route qui conduit au grand Saint-Bernard.

5. — Partis d'Orsières à sept heures du matin. Couché à Saint-Pierre, village situé sur le sentier qui conduit au mont Saint-Bernard ; c'est depuis ce village que la route ne forme plus qu'un sentier très mauvais pour marcher ; les voitures n'y peuvent plus passer qu'elles ne soient démontées,

et portées par des mulets à dix lieues, où est la cité d'Aoste

Je dirai que tous les endroits où nous sommes passés depuis Villeneuve sont situés entre de grandes et très hautes montagnes, au sommet couvert de neige ; mais cependant la colline est cultivée. J'ai remarqué qu'à deux lieues de Saint-Maurice il y a des rochers très élevés; à cent pieds de haut, il sort de l'eau en quantité ; en la voyant tomber elle paraît blanche comme du lait, elle se brise sur des pierres qui sont dans le bas de ce rocher et passe dans le chemin aussi claire que du cristal. Cet endroit se nomme le Pisse-vache.

6. — Partis de Saint-Pierre, le dernier village du bas Valais, à deux heures du matin pour monter au village de la montagne du Saint-Bernard qui monte pendant trois lieues, et descend d'autant; dans cette montagne, il y a plus de neige que dans les autres. Nous avons passé par des endroits (et surtout avant d'être au couvent) où il y en avait plus de quarante pieds, mais c'est tout neige gelée. En arrivant près du couvent, nous montions à quatre pattes sur la neige ; vraiment c'est des chemins affreux ; aussi beaucoup de voyageurs meurent-ils en route.

Le couvent, qui est au sommet de cette montagne, est là pour donner du secours aux voyageurs ; il y a des chiens que j'ai vus ; ils sont extrêmement forts et instruits. Lorsqu'il fait des orages ou mauvais temps, ces chiens vont au travers des neiges sur le chemin ; ils ont au cou un linge dans lequel il y a une petite bouteille d'eau-de-vie avec un morceau de pain ; s'ils rencontrent quelqu'un qui soit tombé en faiblesse ou qui ait perdu courage et qu'il soit saisi par le froid, qu'il soit sur une roche ou ailleurs, ces chiens vont auprès, le prennent par son habillement et le remuent ; et s'il n'est pas mort, ils lui présentent le cou pour qu'il prenne ce qui est dans le linge pour lui donner des forces. Quelquefois, ils en trouvent qui sont couchés dans la neige, et comme il y a des domestiques qui les suivent de loin, ils retournent auprès d'eux et les conduisent où les hommes sont tombés. Étant au couvent, on peut y rester un jour ; toute la troupe qui y a passé a reçu par homme un verre de vin, un petit morceau de pain et aussi de la viande salée. On a continué la route, car on aurait bien gelé si on y était resté un quart d'heure ; enfin, dans les environs de ce couvent, ce sont de véritables précipices. Notre chemin était marqué avec des morceaux de bois, sans quoi il y en aurait eu de nous qui auraient perdu la vie.

Ce jour-là, nous sommes venus loger à Saint-Oyen, village sur la route de Sardaigne. Dans ces villages, et même avant de gravir le Saint-Bernard, les habitants ne cuisent qu'une fois par an ; s'ils cuisent deux fois, c'est qu'ils sont bien à leur aise ; leur pain est épais d'un pouce et d'un pied de diamètre et dur comme du bois ; c'est le lait et les pommes de terre qui sont en grande partie leur nourriture.

7. — Partis de Saint-Oyen à cinq heures du matin, nous sommes venus loger dans la cité d'Aoste, ville de Sardaigne, frontière de la Savoie et de la Suisse.

9. — Partis d'Aoste à deux heures du matin, nous sommes venus loger à Verres, ville dans la vallée d'Aoste et de même dans la Sardaigne.

10. — Partis de Verres à trois heures du matin. Logé à Ivrée, sur la rivière nommée Doire, dans le Piémont.

11. — Partis à quatre heures du matin. Logé à Livorno.

12. — Partis à quatre heures du matin. Logé à Verceil, sur la rivière la Sesia.

13. — Partis à six heures du matin. Logé à Gailliata, à huit lieues de Milan, et à une lieue de Trecate.

15. — Partis à deux heures du matin. Logé à Vigevano, sur la route d'Alexandrie.

16. — Partis à minuit, nous avons passé le Pô à midi, et nous sommes venus logé à Voghera.

17. — Partis à deux heures du matin. Logé à Alexandrie, ville forte donnée en ôtage aux Français lorsque le roi de Sardaigne a fait la

paix ; cette ville est située sur la rivière de Tanaro qui passe entre la citadelle et les murs de cette ville.

19. — Partis d'Alexandrie à dix heures du matin. Logé à Novi, ville du Piémont, frontière de la République ligurienne.

20. — Partis à trois heures du matin. A sept heures nous avons passé au bas du fort de Gavi, où nous avons fait halte. Je dirai que nous sommes passés au milieu de l'armée génoise et piémontaise qui était campée dans les environs du fort de Gavi. Dans ce temps, les Liguriens avaient la guerre avec le Piémont. Le même jour, campé près de Voltagio, sur la route de Gênes.

21. — Sortis du camp à trois heures du matin. Campé à deux lieues de Gênes. C'est de là que notre premier bataillon est parti pour aller à Gênes, et notre troisième est retourné sur ses pas pour aller à Novi ; nous, nous avons couché dans ce village.

22. — Partis à trois heures du matin pour retourner sur les frontières de la République ligurienne ; nous avons logé ce jour à Voltagio.

23. — Partis à deux heures du matin, nous avons pris la traverse et avons été loger à Ovada, ville frontière de la République ligurienne, menacée par les troupes piémontaises d'être mise au pillage. Voilà pourquoi notre bataillon a été

s'emparer de la ville pour la soustraire à un pareil malheur; cette ville est entourée par deux rivières qui s'appellent Stura et Orba. Je dirai que pendant que nous étions dans cette ville, nous avons été détenus vingt-six sous-officiers en prison pour avoir fait une réclamation; nous avons été douze jours à *l'ombre*[1].

19 *messidor*. — Partis pour Camfredo, ville de la Ligurie.

20. — Partis à une heure du matin. Logé à Voltri, à huit lieues et demie de Gênes.

23. — Logé à Varazze, de même sur la mer.

24. — Logé à Savone, où il y a un port marchand; il y a aussi un fort qui défend bien son approche et peut battre la ville.

25. — Logé à Final-Borgo.

26. — Partis à deux heures du matin. Logé à Albenga. Tous les endroits où nous avons logé sont situés sur la mer.

28. — Partis à une heure du matin pour une petite ville nommée La Piève, située dans la même vallée et à six lieues de la mer. Nous avons relevé à La Piève la garnison piémontaise qui s'était emparée de cette ville au moment où ils avaient la guerre ensemble. La France a mis fin à cette guerre, qui ne pouvait que mettre la

1. A l'armée, la prison est ainsi nommée parce qu'on n'y laisse pas pénétrer de jour.

famine dans le pays. — Comme cette contrée ressemble à la plus grande partie de la République ligurienne dont elle fait partie, je vais faire une petite description de la situation du pays. Ce ne sont que montagnes très hautes, la plupart sont couvertes de châtaigniers, d'oliviers, de figuiers et d'autres arbres à fruits de toutes sortes d'espèces; il y a aussi de la vigne plantée très clair et haute, parmi laquelle ils sèment du blé et d'autres grains, qui leur servent à faire du pain; mais ces derniers n'y sont pas très abondants. Tout ce pays est occupé en grande partie par le commerce qui y est bon, par rapport à la mer.

Il n'y a rien à voir de curieux dans la campagne; leurs maisons sont très antiques et toutes voûtées, pour parer aux chaleurs qui se font dans ce pays durant l'été. Il n'y a rien de remarquable dans leurs ménages, la plupart n'ont pas de meubles, mais seulement un coffre pour mettre le peu d'habillements qu'ils ont. Le dedans des maisons est très obscur et la plupart n'ont pas de vitres; un simple volet ferme le jour. On n'y voit presque point de cheminées ; ils font le feu dans l'un des coins de la maison. Les deux sexes sont vêtus assez antiquement; les femmes et les filles portent sur la tête un grand voile pour aller à l'église. Ce peuple est traître de son naturel, il a toujours caché sous lui une arme tranchante et très aiguisée, et à la moindre difficulté on est frappé de cet outil.

8 *frimaire.* — Partis de la Piève pour Gênes, nous avons été loger à Loano; le 9, à Varazze; le 10, à Gênes. Étant dans cette ville nous avons fourni un détachement de trois cents hommes pour aller s'emparer de la ville d'Oneglia, appartenant au Piémont. La garnison piémontaise a été désarmée et envoyée à Gênes, mais de suite on leur a envoyé leurs armes, pour partir sur les frontières d'Italie. Ceci s'est fait au moment de la révolution du Piémont. Le détachement dont je faisais partie est sorti de Gênes le 20 frimaire, à une heure de l'après-midi; nous avons logé en allant à Oneglia, à Voltri, à Savone, à Finalborgo, à Alassio. Il y avait avec nous trois cents Liguriens. Cette ville s'est rendue à notre approche; nous y sommes entrés le 24 frimaire à quatre heures du soir. Le reste de notre bataillon, qui était à Gênes, est venu nous rejoindre le 15 nivôse; il est seulement resté à Oneglia deux compagnies, et les autres ont appuyé à gauche le long de la mer. Ce mouvement s'est fait le 15. Notre compagnie était à Diano-Marino et à Alassio.

Partis de ces cantonnements le 1er pluviôse, nous sommes venus le 5 à Gênes, lieu de rassemblement de notre demi-brigade pour en former deux bataillons de guerre et un de paix.

Ce dernier était composé d'hommes impotents, infirmes, qui ne pouvaient plus faire campagne et complétés avec des conscrits. Les deux bataillons de guerre étaient formés d'hommes aguerris et en état de faire campagne avec une vingtaine des plus adroits des conscrits par compagnie, tirés dans le troisième bataillon. Dans cet amalgame, nous sommes devenus la troisième compagnie du premier bataillon. Cet embrigadement s'est fait à Gênes, le 8 pluviôse. Le premier bataillon est parti de Gênes le 9 pour se rendre à Reggio; le deuxième bataillon le 10, pour la même route. Je n'ai point été de ce départ, je suis entré à l'hôpital le 10; j'avais une maladie qui m'interdisait la marche.

20 *ventose.* — Partis de la ville de Gênes pour me rendre à Reggio.

En quittant le pays de la Ligurie, je laisse un pays assez abondant en oliviers, châtaigniers; ils récoltent aussi une certaine quantité de vin et de grains; la plus grande occupation des habitants est le commerce. Ils élèvent quantité de vers à soie nourris par les mûriers qui poussent dans ce pays. — Me voilà entré dans le Piémont en sortant de Novi; j'ai logé le 23, à Tortone, ville fortifiée et accompagnée d'un fort assez considérable, sur une hauteur qui commande la ville; le 24, à Voghera ; le 25, à Castel-San-Giovani, bourg dépendant du roi d'Espagne; le 26, à Plaisance, belle grande ville au roi d'Espagne, magnifiquement bâtie. Il y a là une superbe place sur laquelle sont placés deux piédestaux sur lesquels sont deux chevaux en bronze avec leurs guerriers.

Elle est très bien décorée par de belles maisons; les rues sont très larges et bien proportionnées. Autrefois, cette ville était fortifiée, mais il ne reste plus que de vieux remparts qui tombent en ruine.

27. — Logé à Borgo-San-Domino, de même dans les États du roi d'Espagne.

28. — A Parme, appartenant au duché de son nom; la rivière du même nom, Parma, passe dans ladite ville et la partage en deux parties inégales; la construction en est assez belle, les rues larges, il y a aussi d'assez jolies places.

29. — A Reggio, ville grande et bien peuplée, maintenant à la République cisalpine; il y a une belle place, des rues très larges; elle était autrefois fortifiée, maintenant il existe encore une vieille citadelle qui tombe en ruines et qui ne pourrait pas tenir longtemps. J'ai eu séjour dans cette ville.

1er *germinal*. — A Modène; la ville est plus longue que large; les rues sont larges, les maisons assez élevées et d'une belle construction; il y a de belles grandes places. Cette ville est encore actuellement un peu fortifiée.

3. — A Buondeno, village dans les environs de Ferrare.

4. — A Finale, bourg sur le canal de la ville de Modène.

5. — A la Mirandole, petite ville assez bien faite où il y a une belle place.

6. — A Saint-Benedetto, village à cinq lieues de Mantoue.

7. — A Mantoue, belle grande ville très peuplée; elle est environnée de grandes pièces d'eau qui défendent son approche d'une demi-lieue; du côté où l'eau n'est pas d'une aussi grande largeur, il y a de fortes citadelles qui défendent la ville; les alentours de cette place, aussi bien que les forts ,sont garnis de nombreux gros canons qui rendent cette ville imprenable, autrement que par la famine. Le fleuve nommé Pô passe dans ses murs, et lui donne quantité d'eau; la construction des maisons est belle, on y trouve de belles places. J'y ai vu un beau pont couvert et construit tout en pierres de taille; il y a sur ce pont sept à huit moulins très bien construits. Cette place appartient à la République cisalpine; elle a été prise par les Français qui étaient commandés par Bonaparte, dans le courant du mois de pluviôse an V.

Le 8, j'ai passé à Villefranche, sur la route de Vérone, où j'ai trouvé notre bataillon qui était campé à deux lieues et demie de la ville, près de la route. Ils y étaient venus après l'affaire du 6 germinal, auquel jour ce terrible fléau de la guerre s'est rallumé avec l'empereur. Notre division, commandée par Montrichard, a fait son attaque près du village de Legnago, situé sur l'Adige. L'attaque a été vive au premier abord de notre part ; il a semblé avant midi que la victoire nous était annoncée ; mais, comme le destin ne décide pas en un instant, nous avons vu, vers les trois heures du soir, que nous avions eu affaire à un corps d'armée autrichien qui égalait le nôtre. Sur le soir, un renfort leur est arrivé ; c'est à ces derniers, réunis aux premiers, qu'il a fallu céder la victoire qui nous avait été favorable toute la journée. Beaucoup de fossés remplis d'eau nous ont fait éprouver quelques pertes. Je ne dirai pas les pertes des autres corps, j'ai vu, celles de mon bataillon qui se montaient à 148 hommes hors de combat, y compris dix officiers et dix sous-officiers. En attendant le siège, nous avons fait plusieurs mouvements à droite et à gauche le long de l'Adige, où le corps d'armée autrichien était bien retranché.

Voilà le 16 germinal arrivé[1]. Vers les dix heu-

1. Le 16 germinal correspond au 5 avril 1799. Le maréchal Soult résume ainsi cette suite de revers due à l'incapacité du général Scherer : « Le général Scherer partait des places de Mantoue et de Peschiera, sur la ligne de Mincio ; il commença ses opérations. le 26 mars, pour forcer la ligne de l'Adige. Il opérait sur trois colonnes : celle de gauche, commandée par le gé-

res du matin, l'ennemi s'était mis en marche pour nous attaquer; le général en chef donna ordre à toutes nos troupes de se mettre en marche pour de même attaquer l'ennemi, ce qui a été exécuté sur-le-champ. Aussitôt, nous avons rencontré les colonnes autrichiennes; le feu a été vif dans les deux partis; au premier abord, il semblait que notre division allait céder à la force de la colonne autrichienne.

Le soldat n'a pas mesuré sa force sur celles de son ennemi, mais sur son courage ; il a mis la colonne ennemie en déroute, en lui faisant quelques cents de prisonniers. Nous les avons pour-

néral Moreau, réussit. Elle passa l'Adige au-dessus de Vérone, coupa la droite de l'armée autrichienne, et elle était à même de poursuivre ses succès vers Vicence, si elle avait été soutenue ; mais les autres divisions du centre et de la droite, que le général Scherer commandait en personne, se firent battre par l'ennemi. Cependant, le succès que venait de remporter le général Moreau suffisait pour que le restant de l'armée pût s'appuyer sur lui, le rejoindre, marcher sur Vicence, rejeter les Autrichiens sur la Brenta, et les séparer des places de Vérone et de Legnago. Le général Moreau donnait ce conseil au général Scherer; mais, au lieu de le suivre, celui-ci eut la singulière idée de rappeler le général Moreau sur la rive droite de l'Adige, pour recommencer par sa droite la même opération, quatre jours après. Cette fois la leçon fut plus sévère; on y perdit une partie de la division Serrurier, qu'une nuit de faux mouvements compromit sur la rive gauche de l'Adige, et qui, entourée par des forces supérieures, finit par être accablée.

« Enfin, une troisième tentative, faite le 5 avril, fut encore moins heureuse. Malgré des succès, d'abord remportés au centre par le général Moreau, la droite de l'armée fut tournée, à la fin de la journée, par une manœuvre habile du général Kray. Il y avait tant d'incohérence dans tous les mouvements, que cet échec ne put être réparé ; le désordre vint s'y joindre, et l'armée entière suivis aux portes de Vérone ; mais la retraite des autres divisions nous a bientôt appris que nous devions aussi nous y disposer pendant la nuit, et nous retirer dans les environs de Mantoue, ce qui a été fait dans la nuit du 16 au 17, car un corps considérable de l'armée autrichienne s'avançait pour couper notre retraite au delà de Mantoue.

Nous sommes arrivés à sept milles de Mantoue vers les minuit, dans la nuit du 17 au 18. Sur le croisement de la route qui conduit à Villefranche, le 18, nous avons fait un mouvement pour appuyer à gauche de Mantoue. Nous sommes venus camper près d'une petite ville située sur le Mincio ; elle est environnée de fortes positions. Lorsque la garnison de Mantoue a été établie

précipita sa retraite, non pas seulement derrière le Mincio, où le général Scherer aurait pu tenir, à l'appui des places de Peschiera et de Mantoue, mais derrière l'Adda.

« La journée de Magnano décida du sort de l'Italie. Dix jours avaient suffi pour réduire l'armée à moins de trente mille combattants, pendant que d'un autre côté, toutes les troupes éparpillées, depuis le Pô jusqu'à Naples, étaient non seulement trop éloignées pour lui amener des renforts en temps utile, mais se trouvaient elles-mêmes, de jour en jour plus compromises. En même temps l'armée ennemie avait remplacé toutes ses pertes et elle acquérait une supériorité de plus en plus grande, par les renforts qu'elle recevait à tout instant ; elle était, en outre, à la veille d'être rejointe par l'armée russe, qui arriva sur l'Adige, le 15 avril.

« L'exaspération de l'armée, dont le courage avait été si mal employé, était au comble, et elle eût produit des actes d'indiscipline et de désobéissance, si le général Scherer fût resté. Il le comprit, il partit pour Milan, sous prétexte de diriger les levées extraordinaires qu'on y faisait, et ne revint plus. Il avait remis, avant son départ, le commandement au général Moreau. »

dans ses postes, l'armée s'est mise en mouvement et a passé le Mincio pour aller se montrer dans la plaine où Bonaparte a eu de grands combats, lorsqu'il a fallu cerner la ville de Mantoue. Nous sommes restés dans cette plaine, qui aboutit sur la rive du Mincio, jusqu'à huit heures du soir. C'était la nuit du 20 au 21 que notre colonne a commencé son mouvement pour la retraite, le soir du 21 vers les six heures, par un temps abominable, une pluie continuelle qui ne cessait de tomber et nous traversait jusqu'aux os. Nous avons campé près la petite ville d'Asola ; ses alentours sont garnis de bastions qui n'étaient pas entretenus.

22 *germinal.* — Campé à trois mille de Pontevico ; le 24, nous sommes venus camper en avant de cette petite ville, située sur le bord de la rivière nommée Oglio, sur la route de Brescia et Milan. Dans ce moment, nous étions d'arrière-garde ; nous avons coupé les routes pour empêcher la colonne autrichienne de nous poursuivre de si près.

25. — Nous avons passé l'Oglio sur un pont-levis qui était au bas d'une ancienne citadelle ; les troupes et les bagages passés, on a démonté le pont en le faisant glisser dans l'eau. Ce jour-là, nous sommes venus au village de Robecco, situé sur l'Oglio et à un mille de Pontevico, sur la grande route de Milan. La nuit du 25 au 26,

nous nous sommes mis en marche et nous sommes arrivés à Palazzolo le 26 au soir. Il faut observer que la colonne autrichienne prenait des détours et suivait les montagnes de la Suisse italienne et ne cherchait qu'à nous couper notre retraite.

28. — Nous avons fait un mouvement en avant de Palazzolo, à six mille dans les montagnes, près le lac d'Iseo.

29. — Nous sommes revenus à Palazzolo ; le 30, nous en sommes repartis pour nous former sur la ligne en bataille, en avant dudit lieu. Le général en chef Scherer nous a passés en revue. Nous avons passé la nuit dans ce même emplacement. Je dirai que la ville de Palazzolo est située sur l'Oglio et sur la grande route de Brescia. En partant, les ponts ont été coupés et renversés dans la rivière.

2 *floréal.* — Nous avons fait un mouvement pour nous retirer en arrière de Palazzolo, où nous avons campé, sur les bords de l'Oglio ; nos avant-postes ont eu quelques petites affaires avec l'ennemi, qui s'est venu présenter pour passer le pont où étaient nos canonniers, pour le faire sauter par des mines ; on est parvenu à le faire sauter vers les dix heures du matin.

La nuit du 4 au 5, à neuf heures du soir, notre division, qui était celle du général Serrurier, s'est mise en marche et a été dirigée vers la ville de Bergame. Nous avons passé une nuit affreuse dans l'eau et la boue jusqu'aux genoux, et, pour la faire complète, une pluie continuelle nous arrosait. Nous sommes passés dans la ville de Bergame, à onze heures du matin, le 5. Cette ville est très considérable, belle, et riche : on y construisait une fort belle place; elle est divisée en ville haute et ville basse. La ville haute est fortifiée et a de fort belles positions dans ses environs, sur des hauteurs considérables. Notre division ne s'y est point arrêtée; une partie soutenait l'arrière-garde, qui était suivie[1] des troupes russes. Le même jour, notre colonne a continué sa marche jusqu'à cinq heures du soir; nous sommes arrivés sur le bord du lac, où nous avons passé la nuit dans des espèces de petits hameaux environnés de montagnes fort hautes.

Le lendemain 6 courant, à quatre heures du matin, nous avons repris notre marche vers le pont de Lecco, et toujours suivis de près par l'avant-garde ennemie. La ville de Lecco est environnée de rochers très hauts; elle est située sur le bord du lac. Notre division a passé le pont le jour où l'ennemi y est arrivé. Une partie de notre division a gardé la tête du pont, et l'autre partie s'est étendue sur les bords de la rivière, pour correspondre avec la division du général

1. L'armée russe avait fait sa jonction. Voir page 164.

Delmas; notre bataillon était de cette partie; nous tenions dans ce moment la droite de la division. Nous sommes venus prendre notre position, la nuit du 6 au 7, à Vaprio, où nous sommes arrivés à onze heures du matin. Cette ville est située sur le bord de la rivière nommée l'Adda; elle est forte par sa position; il y avait un pont volant établi qu'on a fait couler à fond lorsqu'on a quitté la rivière.

Vers les deux heures de l'après-midi, une colonne assez considérable de l'armée autrichienne a fait un mouvement pour se disposer à passer la rivière pendant la nuit, ce qui leur a été facile, car la rivière n'était presque pas gardée. Vers les quatre heures du matin, comme notre bataillon était à bivouaquer dans un village à une lieue et demie de Vaprio, une ordonnance est venue dire au général qui commandait ce poste, que l'armée autrichienne avait passé la rivière[1] toute la nuit et dirigeait sa marche sur Milan. Aussitôt, il nous fut ordonné de nous retirer sur Vaprio, pour nous joindre à la division du général Delmas, en laissant de distance en distance des compagnies en échelons, jusqu'à ce

1. Il s'agit ici du passage de l'Adda par la droite de l'armée ennemie qui s'était portée vers le point oriental du lac de Côme et qui isola la division Serrurier du restant de l'armée. L'attaque générale de l'ennemi triompha sur les autres points, et l'armée française se vit réduite à la retraite après avoir perdu le tiers de son effectif et une centaine de canons.

que nous ayons trouvé une route de Vaprio à Milan, qui était déjà coupée par l'ennemi. Le combat s'est aussitôt engagé sur la rive gauche de l'Adda, dans les environs de Vaprio et Casale; il a été opiniâtre des deux côtés. Le général Delmas est venu ordonner aux bataillons qui soutenaient l'attaque, qui étaient les nôtres et un de la 3e demi-brigade, de foncer sur l'ennemi, et il a dit que sa division allait arriver pour nous soutenir. Aussitôt l'ordre donné, les deux bataillons se sont mis en marche pour l'exécution; dans l'instant la victoire nous a souri en leur faisant environ deux cents hommes prisonniers ; mais, dans le même moment, un renfort considérable leur étant arrivé, ils ont forcé le bataillon qui était à notre droite, sur le bord de la rivière, et ils n'ont pas tardé à prendre le nôtre par le flanc et le front. Dans ces démêlés plus chauds qu'à l'ordinaire, j'ai reçu une balle qui m'a traversé l'avant-bras gauche et m'a mis hors du combat, d'où je me suis tiré avec beaucoup de peine, car nous étions pris de tous les côtés.

Mais la division est arrivée dans ce moment et nous a donné du large; la journée est devenue terrible aux deux partis. Dans un moment où la division Delmas a donné, elle a repoussé l'ennemi à la tête du pont; il y avait un village où l'ennemi était retranché dans les murs des jardins, et nos gens étaient tout autour; l'ennemi voyant qu'il ne pouvait plus tirer à cause de la hauteur des murs, prit les pierres des murs pour les jeter sur la tête des Français, mais l'ardeur républicaine qui bouillait dans les veines des soldats, ne souffrit pas longtemps l'insulte des Allemands; aussitôt entrés dans le village la baïonnette en avant, ils en renversèrent une grande quantité et firent sept cents prisonniers. Les rues du village ont été ce jour-là abreuvées du sang des Allemands, car le sang ruisselait dans lesdites rues, comme lorsqu'il tombe un orage.

Le combat n'a cessé que lorsque la nuit a tendu ses voiles dans les environs où il avait commencé. Mais on s'est retiré sur Milan; la ville de Casale en est encore à sept lieues et une partie des blessés a été obligée de suivre la colonne; les routes étaient interceptées. Nous sommes arrivés dans les environs de minuit à Milan, du 8 au 9. La colonne a passé à Milan entre huit et neuf heures du matin, le 9. Quoique nos plaies n'aient point été pansées et que la marche nous fit de grandes douleurs, nous avions préféré suivre notre colonne qui venait sur les bords du Tessin que de nous voir prendre prisonniers par des troupes inhumaines. Il n'est resté que de la troupe au château de Milan.

C'est sur les bords du Tessin que j'ai quitté avec regret mes compagnons de misère, mais ma blessure le demandait. J'ai laissé en partant, après trois batailles, un fourrier, un caporal et six fusiliers, dans ma compagnie qui était, le 6 germinal, composée de cent dix hommes.

Notre armée de Mantoue est obligée, par une force supérieure d'ennemis, d'évacuer cette partie de l'Italie, et de se retirer sur les villes fortes du Piémont. Les hôpitaux n'étant plus assez considérables pour contenir tous les blessés, il faut donc rentrer en France.

Avant de quitter cette partie de l'Italie, je veux faire une petite description sur la situation des habitants et sur la fertilité des terres de cette contrée. Depuis le Mont-Cenis à Mantoue, c'est un terrain plat et sablonneux ; il est planté de toutes sortes d'arbres, mais ce sont les mûriers qui dominent ; la vigne y est très commune et est plantée aux pieds de tous ces arbres ; elle produit d'excellents vins ; on y voit dans aucunes contrées les vignes attachées au-dessus de fort gros arbres, et cette vigne rapporte une quantité considérable de raisins. Les habitants du pays coupent tous les ans les branches de ces arbres pour faire cuire leurs aliments.

Ils sèment sous ces vignes des grains de toutes sortes d'espèces qui y viennent encore assez bien par rapport aux arbres et aux vignes qui leur donnent de la fraîcheur, sans quoi ils ne pourraient rien récolter à cause de la grande chaleur du pays. Dans le Piémont et autres contrées, ils sèment beaucoup de riz qui fait une partie de leur nourriture qu'avec le vermicelle; enfin ils ne se nourrissent presque qu'avec des pâtes. L'occupation de ces habitants est en grande partie le commerce, et l'élevage des vers à soie qui leur fait avoir une grande quantité de manufactures. Il y a, dans cette partie de l'Italie, d'assez beaux sexes des deux côtés, mais extrêmement jaloux et traîtres. Il y a aussi de fortes rivières et des médiocres qui arrosent les plaines de riz. La construction des maisons est assez agréable, elles sont presque toutes voûtées, mais les vitres y sont rares, car à peine peut-on avoir des verres pour boire.

Dans cette contrée sont enfermés plusieurs petits États et républiques, ce qui fait qu'il y a plusieurs monnaies, mais qui ne valent pas celle de France, excepté celle du Piémont qui vaut mieux. Autrefois, ce pays était fort riche, mais il a eu affaire à plusieurs maîtres qui lui ont ôté toute sa richesse, et la guerre a achevé sa ruine.

Je ne ferai pas grande observation sur les endroits où j'ai passé, ayant évacué de Milan à Dijon.

Le 5 prairial, nous sommes arrivés à Dijon, lieu de destination pour les blessés; nous sommes entrés à l'hôpital militaire, tout nouvellement préparé pour recevoir les blessés qui arrivaient tous les jours en grand nombre.

Je suis resté onze jours à cet hôpital de Dijon, où ma plaie a été pansée deux fois par jour. Pendant ce temps, j'ai fait plusieurs demandes aux officiers de santé pour obtenir une convalescence. Comme je n'étais plus qu'à vingt-quatre heures de mon foyer et qu'il y avait sept ans que je n'étais rentré chez moi, je me suis vu avoir un peu d'espoir de revoir encore une fois mes père et mère, ainsi que mes autres parents. J'ai reçu des officiers de santé de l'hôpital militaire de Dijon, une convalescence de deux décades pour aller cicatriser ma plaie dans mes foyers; elle m'a été délivrée le 16 prairial. Je me suis rendu le 19 à Longchamp en passant par Langres; de là j'ai pris la traverse pour couper au plus court. Je suis donc arrivé la veille de la fête que l'on célébrait pour les plénipotentiaires qui avaient été égorgés à Rastadt.

Le commissaire du pouvoir exécutif et le président m'ont fait l'honneur de me mettre de la cérémonie; ils m'ont rendu les honneurs en m'envoyant chercher par un détachement de la garde nationale; de suite on m'a offert une place d'honneur qui était à côté du président, que j'ai acceptée. Après la cérémonie, j'ai été admis au repas que les administrateurs se donnaient. J'ai été reçu avec toute la pompe et les honneurs dus à un défenseur qui n'avait jamais abandonné son drapeau.

Ma convalescence étant expirée et n'étant point en état d'aller rejoindre, je suis allé voir l'officier de santé du canton; ne trouvant pas mon bras assez bien rétabli, il me donna un délai de six décades, lesquelles étaient finies le 30 fructidor, j'ai demandé ma feuille de route pour aller rejoindre mon corps et partager avec mes anciens camarades, l'honneur que j'ai partagé déjà, l'espace de sept ans. J'espère que l'Être suprême bénira nos travaux pour le salut de toute la France[1].

Je suis parti de Longchamp le 1er vendémiaire an VIII de la République, pour aller rejoindre mon corps sur les frontières d'Italie.

Mon départ fut retardé d'un mois à Chaumont où je suis resté pour montrer l'exercice à une compagnie de conscrits de ce département. Après l'organisation de ce bataillon, j'ai repris ma route pour la frontière d'Italie. Je suis parti de Chaumont le 16 brumaire de l'an VIII, accompagné de mon jeune frère qui avait quitté le 9e chasseurs à cheval, pour venir prendre du service dans la 3e demi-brigade de ligne qui était en ce moment en Italie.

Nous avons fait la route assez agréablement

1. Comme complément de cette invocation, voir la prière à la fin du journal.

de Chaumont à Aix en Provence. Je passerai sous silence les étonnements de mon frère pendant cette route, de se trouver dans une contrée si déserte et aussi peu fertile, sous les rochers de la Provence. J'en ferai une petite description.

Après avoir parcouru plusieurs contrées de la Provence, étant rendus à notre dépôt, à Aix, le 21 frimaire, nous avons été à trois lieues de là, sur la Durance, à un village nommé Peyrolles, jusqu'au 1er thermidor. Nous étions là pour faire rejoindre les conscrits et les réquisitionnaires; aussi pour y empêcher les assassinats que des bandes de brigands exerçaient souvent dans plusieurs de ces contrées; en un mot, ces bandes de scélérats portaient la désolation chez plusieurs pères de famille. Nous sommes partis d'Aix le 5 thermidor pour nous rendre dans une autre contrée de la Provence, une ville nommée Draguignan, où nous sommes arrivés le 9. Cette ville est située au milieu d'une plaine environnée de hautes montagnes; la contrée est charmante, on y voit une quantité prodigieuse d'oliviers; les coteaux qui environnent la ville forment un amphithéâtre planté d'oliviers qui forment une tapisserie, verte hiver comme été, ce qui réjouit la vue, et donne un beau coup d'œil. La plaine qui environne la ville est plantée de vignes entre lesquelles on sème plusieurs sortes de grains et de légumes.

Les eaux y sont très bonnes, la contrée étant abreuvée par des fontaines venant des montagnes. La ville est fermée par une simple muraille, très haute; les rues sont d'une largeur proportionnée à leur longueur, mais bien mal entretenues comme propreté; on y laisse pourrir toutes sortes d'herbes venant des montagnes pour faire des engrais pour la terre. Dans la Provence, il y a très peu de *commodités*, ce qui fait qu'on jette toutes les ordures dans les rues; c'est ce qui rend le pays malsain; on y respire de mauvaises odeurs. On rapporte qu'ils ne se donnent pas l'aisance des *commodités* à cause de la quantité des conduits de leurs fontaines qui traversent leurs habitations. — Les maisons sont d'une assez belle construction, hautes de trois étages, plus ou moins; les habitants sont grossiers naturellement et peu humains. (Qu ils se le disent!) Ce qui fait remarquer leur peu d'humanité envers leurs concitoyens, c'est que dans ces contrées et même dans toute l'étendue de la Provence, il s'y produit une réelle quantité considérable de brigands qui ne cessent d'assassiner journellement les voyageurs sur les grandes routes. Je me suis laissé dire que cela s'était fait de tout temps, mais cependant pas aussi souvent que maintenant.

Le costume des hommes n'est pas bien différent de celui de notre pays : la mode est de porter presque tous des vestes; les femelles s'habillent presque comme ici, sinon que leurs jupes sont fendues par derrière; leur caractère n'est pas meilleur que celui des hommes.

La manière dont je dépeins la contrée de Draguignan servira de modèle pour toute la Provence plus où moins fertile en aliments de tout genre. Je me rappelle que l'air de la campagne y est plus chaud que dans nos pays ; les récoltes s'y font de meilleure heure qu'ici, mais aussi ils plantent tout l'été, car la culture ne pourrait jamais alimenter la population retirée en ce pays. Le pain y est presque toujours à quatre et cinq sous la livre de quatre onces. Le vin y est à bon compte, mais les orages y sont fréquents ; aussi leur terre cultivée est-elle souvent ravagée. Le grain qu'ils récoltent, ils le font fouler aux pieds des mulets et des bœufs pour en retirer les semences.

Je dirai que les maux que j'ai endurés depuis huit années de service militaire pour ma patrie, ont été marqués jour par jour par de nouveaux sacrifices que je ne peux oublier. Ces souffrances ont été renouvelées à plusieurs époques. Ainsi je vais, dans cette feuille, tracer une esquisse de ce qui s'est passé à Gênes pendant le blocus.

Je dirai donc que notre ennemi, voulant nous ôter tout espoir de retourner en Italie, a réuni de grandes forces pour investir Gênes et enfermer notre armée. Après plusieurs combats sanglants de part et d'autre, et à plusieurs reprises notre ennemi nous ayant forcé notre ligne sur Savone (il nous a coupé la communication que nous avions encore sur terre), et les Anglais croisant sur mer où l'on ne pouvait que difficilement passer, nous voilà donc obligés de nous retirer sous la ville de Gênes, en attendant quelques renforts qui n'arrivèrent pas assez tôt. Il faut donc comprendre la misère que nous avons soufferte dans ce blocus. Si les habitants

1. « Le tableau de la situation de Gênes, dans les derniers jours du siège, a déjà été tracé tant de fois et est devenu si célèbre, dit le maréchal Soult, que je puis me borner ici à le rappeler. Les horreurs de la faim, dans une ville de cent soixante mille âmes, dépassent tout ce que l'imagination peut se représenter de plus hideux. On avait dévoré tous les animaux, jusqu'aux chiens et aux rats; on fabriquait, sous le nom de pain, une composition d'amandes, de graine de lin, de son et de cacao, qu'on a comparée à de la tourbe imbibée d'huile, et que les chiens mêmes ne pouvaient pas supporter; la ration consistait en deux onces de cet affreux mélange. Enfin, le 15 prairial (le 4 juin), il n'en restait plus une once pour chacun; il ne restait plus quoi que ce fût, qui pût être mangé, pas même la nourriture la plus immonde. Il n'en restait pas plus pour l'armée que pour les habitants qui, tous les jours, mouraient par centaines. L'armée, si on pouvait encore lui donner ce nom, ne comptait pas trois mille hommes en état de tenir un fusil; car leur faire faire le moindre mouvement, était absolument impossible; les sentinelles ne pouvaient faire leur faction qu'assises. Le lendemain, elles n'auraient pas pu le faire, tous soldats et habitants, seraient morts d'inanition.

« Ce fut ce jour-là seulement que le général Masséna consentit à écouter les propositions qui lui étaient faites, depuis plusieurs jours, par les généraux ennemis, dans les termes les plus honorables. La conférence entre le général Masséna, les généraux autrichiens Ott et Saint-Julien et l'amiral Keith commandant l'escadre anglaise, se tint au milieu du pont de Cornigliano, sur de la nation doivent une reconnaissance à ses défenseurs, ils la doivent en particulier aux troupes qui composaient la garnison de Gênes, soit par leurs souffrances, soit par leur intrépidité à défendre la ville malgré le manque de nourriture. Un peu de pain fabriqué avec de la paille hachée, du son, du cacao, un peu de miel pour pouvoir lier ce mélange ensemble ; et quand on le retirait du four tombait-il en poussière. La viande était du mulet bien maigre ; les chiens et les chats faisaient nos meilleurs repas. Grâce au jus de Bacchus ! sans cela nous serions tous restés pour otages sous les murs de Gênes. Si la ville a capitulé, c'est le défaut de vivres et la grande mortalité qui en a été la seule cause. Au moment

le Bisagno, et le général Masséna y apporta toute la fermeté de son caractère. Il commença par ne pas vouloir admettre l'emploi du mot *capitulation* , et la seule expression à laquelle il consentit, fut celle de *négociation, pour l'évacuation de Gênes*. L'armée sortait librement de Gênes, avec armes et bagages, pour rentrer en France, sans engager sa parole; huit mille hommes prendraient la route de terre; le surplus, ainsi que les hôpitaux, le matériel et tout ce qui appartenait à l'armée, serait transporté par mer à Antibes. Cette clause de la marche, par terre, de huit mille hommes, fut sur le point de faire rompre la négociation. Le général Ott ne voulait pas y consentir, afin de retarder la réunion de cette colonne à l'armée française. Le général Masséna rompit la conférence : « A demain, messieurs, » leur dit-il. Cependant il savait bien qu'il était hors d'état d'accomplir sa menace. Cette fermeté réussit; mais le général Masséna était surtout secondé par les ordres pressants que le général Ott venait de recevoir du général Mélas, et qui lui prescrivait de ne pas perdre un instant pour lever le siège et pour conduire son corps d'armée à Alexandrie. »

de la capitulation, on recevait par homme six onces de cette mauvaise fabrication de pain, mais toujours une bouteille de vin.

La capitulation a été honorable pour nous; nous avons emmené autant d'artillerie qu'il nous a été possible, tous nos bagages et autres armements; tous nos malades et nos blessés ont été apportés en France sur les bâtiments anglais.

C'est après la fameuse bataille de Marengo que les Français sont rentrés à la ville de Gênes et qu'il y a eu une suspension d'armes, pour en venir à une conclusion de paix; de sorte que l'ennemi a eu la ville de Gênes trois jours en possession; puis elle a été rendue par arrangement avec six autres villes et forts.

Dans ce moment, étant revenus à Draguignan à notre dépôt, nous avons été envoyés à Digne, dans les Basses-Alpes, pour y prendre les eaux thermales où j'en ai fait usage sans en être soulagé, de sorte que j'ai été renvoyé dans mes foyers, le 5 vendémiaire an IX. Je suis arrivé à Longchamp-sur-Laujon le 29 vendémiaire.

PRIÈRE

DU SOLDAT RÉPUBLICAIN

N. B. Cette prière termine le manuscrit, elle est aussi de la main de Fricasse. A première vue, elle nous avait paru l'extrait d'un sermon de prêtre constitutionnel, mais nous avons changé d'idée en voyant le tour incorrect de certaines phrases (lignes 16, 17, 25), et surtout les dernières lignes.

Elle peut parfaitement être l'œuvre d'un sergent, et surtout d'un sergent qui a débuté au couvent comme jardinier. On doit reconnaître qu'il y a dans le second paragraphe une pensée juste et noble.

PRIÈRE

DU SOLDAT RÉPUBLICAIN FRANÇAIS

Dieu de toute justice, être éternel et suprême souverain, arbitre de la destinée de tous les hommes, toi qui es l'auteur de tous biens et de toute justice, pourrais-tu rejeter la prière de l'homme vertueux qui ne te demande que justice et liberté?

Ah! si notre cause est injuste, ne la défends pas! La prière de l'impie est un second péché, c'est t'outrager toi-même que de te demander ce qui n'est pas conforme à ta volonté sainte.

Mais nous te demandons que la puissance dont

tu nous as revêtus soit conforme à ta volonté. Prends sous ta protection sainte une nation généreuse qui ne combat que pour l'égalité. Ote à nos ennemis détestables la force criminelle de nous nuire; brise les fers des despotes orgueilleux qui veulent nous les forger. Bénis le drapeau de l'union sous lequel nous voulons tous nous réunir pour obtenir notre indépendance. Bénis les généreux citoyens qui exposent leur vie et leur fortune pour défendre leur patrie. Bénis les mères respectables de ces vertueux enfants de la patrie qui te prient de leur accorder victoire. Ouvre les yeux de ceux qui sont égarés dans nos foyers afin qu'ils rentrent à la raison, pour jouir avec nous des précieux fruits de l'égalité et de la liberté, et chanter avec nous les cantiques et les louanges dédiés à l'Être suprême.

Nous adorons Dieu chacun à notre manière, sous la protection des lois et sous la surveillance de l'autorité constituée, et nous n'en sommes que meilleurs Républicains.

SUPPLÉMENT

SUPPLÉMENT

I

LA LEVÉE EN MASSE

Extrait des *Mémoires sur Carnot*

Le projet d'une levée en masse avait fait hésiter d'abord la Convention : il l'étonnait par sa hardiesse; elle le renvoya à l'examen du Comité de salut public. C'était le 12 août. Le 14, Carnot fut adjoint au comité; le 16 le décret fut rendu au milieu des acclamations universelles; le 23, une loi organisa en ces termes la *réquisition permanente de tous les Français pour la défense de la patrie :*

« Les jeunes gens iront au combat; les hommes mariés forgeront les armes et transporteront les subsistances; les femmes feront des tentes, des habits, et serviront dans les hôpitaux; les enfants mettront le vieux linge en charpie; les vieillards se feront porter sur les places publiques pour exciter le courage des guerriers, prêcher la haine des rois et l'unité de la République;

« Les maisons nationales seront converties en casernes, les places publiques en ateliers d'armes; le sol des caves sera lessivé pour en extraire le salpêtre;

« Les armes de calibre seront exclusivement remises à ceux qui marcheront à l'ennemi : le service de l'intérieur se fera avec des fusils de chasse et l'arme blanche;

« Les chevaux de selle sont requis pour compléter les corps de cavalerie; les chevaux de trait et autres que ceux employés à l'agriculture conduiront l'artillerie et les vivres.

« Le Comité de salut public est chargé de prendre les mesures nécessaires pour établir sans délai une fabrication extraordinaire d'armes de tous genres, qui réponde à l'élan et à l'énergie du peuple français. »

La France offrit bientôt à ses adversaires le tableau que Barère avait ainsi tracé d'avance.

A Valmy, à Jemmapes encore, l'armée régulière avait joué l'unique rôle; mais, à dater du temps que nous racontons, elle fut absorbée par la multitude des volontaires et des réquisitionnaires. Désormais la République sera moins servie sur les champs de bataille par des militaires de profession que par des citoyens destinés à quitter l'uniforme après l'accomplissement de leur croisade : grand exemple qui révéla aux Français leur aptitude à acquérir promptement les quaités du soldat. Ce n'est pas que, dans les premiers moments, ces conscrits qui ne savaient pas tenir leur arme, qui s'élançaient follement et se débandaient au moindre choc, ne donnassent de la tablature aux généraux ; la correspondance des représentants est toute semée de plaintes et d'inquiétude à leur sujet ; mais leur noviciat ne fut pas long : « Dès la fin d'août, dit Jomini, les effets de la nouvelle levée se firent sentir ; le déblocus de Dunkerque et celui de Maubeuge en furent les premiers résultats, et la grande réquisition acheva de nous assurer la supériorité. »

Il faut ajouter que cette grande réquisition rencontra moins de difficultés que le recrutement de trois cent mille hommes au mois de mars précédent. Le mouvement révolutionnaire s'était étendu, et l'idée républicaine que tout citoyen doit le service à son pays avait gagné les esprits.

Toutefois, ce n'est pas avec des bandes tumultueuses que la France aurait vaincu l'Europe ; il fallait que la nation se transformât en armée.

C'est alors que se déploya surtout l'activité de Carnot.

Il s'agissait d'organiser, selon le principe d'unité, une multitude aussi peu homogène dans ses éléments que dans sa constitution.

Elle se composait d'anciens soldats et de conscrits amenés, soit par la levée des trois cent mille hommes, soit par la levée en masse, sans compter les engagés volontaires de toutes les dates, les débris des compagnies franches et les étrangers.

Certains corps étaient restés comme avant la Révolution, tandis que plusieurs généraux avaient formé les leurs en demi-brigade selon le mode nouveau; puis il existait des légions françaises ou étrangères, mélange de toutes armes. Il y avait des bataillons aguerris, expérimentés, d'autres entièrement novices; il y avait des différences considérables d'effectif entre les corps de même espèce; il y avait des grades irrégulièrement acquis et en nombre exagéré; des soldats incorporés à la hâte, sans qu'ils fussent aptes au service; les états manquaient à peu près complètement. Quant à l'irrégularité des fournitures et de la comptabilité, on aurait de la peine à s'imaginer ce qu'elle était.

Par quel moyen ce chaos fut-il débrouillé? c'est ce que nous ne pourrions dire sans surcharger une simple biographie, de détails qui appartiennent à l'histoire générale de l'armée française.

Ce qui est certain, c'est que cette armée ne tarda pas à devenir la plus homogène de l'Europe.

Effacer toute distinction extérieure fut un des premiers objets de sollicitude. La troupe de ligne avait en grande partie conservé l'ancien uniforme blanc, tandis que les nouveaux arrivés portaient l'habit national : source féconde en mésintelligences. Dès le 29 août, un arrêté prescrivit l'unité du costume.

L'arme du génie reçut une organisation nouvelle, dont Carnot s'occupa tout spécialement. Les nombreuses compagnies de canonniers volontaires, qui s'étaient formées et remarquablement bien exercées, furent incorporées dans l'artillerie. On réussit même à improviser une cavalerie. La disette des chevaux était extrême : des achats faits dans toutes les contrées étrangères où nos agents purent pénétrer, une levée extraordinaire dans les cantons et les arrondissements de la République, et des dons spontanés nombreux, permirent de mettre en ligne des cavaliers capables de se mesurer avec les formidables escadrons des coalisés.

En février 1792, la France n'avait qu'un effectif de 228,000 hommes (204,000 sous les armes) : avant le mois de mai, grâce à l'activité déployée, elle comptait 471,000 soldats (présents, 397,000) ; au 15 juillet 479,000, si l'on s'en rapporte à une note de Saint-Just, conservée pour sa propre instruction, et dont nous possédons l'autographe. Le tableau officiel que nous consultons présente un chiffre qui s'en éloigne peu, 483,000 (inscrits, 599,000).

En décembre, l'effectif de l'armée s'élevait à 628,000 hommes (présents sous les drapeaux, 554,000). Ce nombre alla croissant jusqu'à 1,026,000 (732,000 sur terrain du combat en septembre 1794). Il n'y a pas de raison sérieuse pour contester ces états, publiés à une époque où l'exagération ne pouvait profiter de rien (1797). Cependant on a dit que les phalanges républicaines n'avaient jamais compté au delà de 600,000 hommes, un écrivain les a réduites à 500,000, un autre à 400,000, en ajoutant qu'ils n'étaient ni armés, ni nourris, ni vêtus. Espère-t-on, par de telles assertions, rabaisser le mérite des dictateurs révolutionnaires ? on l'élève au contraire. Moins on leur supposera de ressources entre les mains, plus admirable apparaîtra le résultat obtenu : la coalition vaincue ne doit pas de reconnaissance aux auteurs des nouveaux calculs.

« Rien ne peut effacer cette vérité historique, que la Convention a trouvé l'ennemi à trente lieues de Paris, et qu'on a dû à ses prodigieux efforts de conclure la paix à trente lieues de Vienne. » C'est Benjamin Constant qui dit cela : Benjamin Constant est un esprit de 1791 ; partisan des principes, il est généralement peu admirateur des faits de la Révolution.

II

LEVÉE DU BLOCUS DE MAUBEUGE

ET COMBAT DE WATIGNIES

Extrait des *Mémoires sur Carnot*

Des nouvelles alarmantes arrivaient du Nord. Malgré la victoire d'Hondschoote, qui promettait de donner aux armées françaises une prépondérance décisive, mais dont le général Houchard n'avait pas su tirer parti, la situation faite par Nerwinde avait peu changé. Le Quesnoy était dans les mains des coalisés ; maîtres déjà de Valenciennes et de Condé, ils possédaient l'Escaut ; leur ambition allait maintenant à dominer également la Sambre, en s'emparant de Maubeuge, qui serait devenue leur base d'opérations. Cette place tombée, rien n'arrêtait sérieusement leur marche vers la capitale.

Le 29 septembre, le prince de Cobourg força le passage de la rivière par six colonnes, investit Maubeuge, et porta son armée d'observation sur Avesnes et Landrecies.

La place de Maubeuge, assez médiocre, était

couverte par un camp retranché, avantageusement situé, où venaient de se rallier vingt mille hommes, qui se trouvèrent bloqués du même coup. Peut-être le général autrichien avait-il commis une imprudence en laissant se grouper cette force imposante dont il ne pouvait prévoir la malheureuse immobilité. Mais il n'ignorait pas que les approvisionnements de la ville seraient bientôt insuffisants pour des bouches aussi nombreuses. Les troupes, en effet, furent d'abord réduites à la demi-ration ; au bout de peu de jours la disette était complète. Des maladies éclatèrent, et les hôpitaux ne pouvant plus contenir les malades, il fallut les déposer sous les hangars des faubourgs. Cependant les assiégeants élevaient des travaux formidables, (trois batteries de vingt pièces de 24), et le cercle de leurs canons se resserrait tellement que les boulets passaient en sifflant au-dessus du camp retranché, pour aller porter la mort et la destruction dans la ville. Beaucoup d'habitants des environs s'y étaient réfugiés, et ils augmentaient les alarmes, en racontant le pillage de leurs fermes et l'incendie de leurs demeures.

Trois commissaires de la Convention s'efforçaient de soutenir les courages. Ils voulurent faire connaître au gouvernement la situation critique de Maubeuge : l'un d'eux, Drouet, dès les premiers moments du blocus, tenta, avec plus d'audace que de prudence, de franchir les lignes ennemies; il fut pris et alla expier dans les cachots le souvenir de Varennes. Quelques jours après, treize dragons se devouèrent; ils traversèrent la Sambre à la nage et parvinrent à gagner Philippeville.

Mais la République n'avait pas attendu cet appel de détresse pour secourir ses enfants; les sauveurs approchaient. Dans la soirée du 14 au 15 octobre, les assiégés entendirent, à travers le feu des Autrichiens, une canonnade plus lointaine. Ils n'osaient pas encore se livrer à la joie, les uns craignant que ce bruit n'annonçât le bombardement d'Avesnes, d'autres redoutant un piège de l'ennemi pour attirer nos soldats hors du camp et les mettre aux prises avec une armée qui les écraserait de sa supériorité. Au milieu de ces incertitudes, les défenseurs de Maubeuge demeurèrent inactifs, et ne secondèrent pas, comme ils l'auraient pu faire, les efforts de leurs libérateurs.

Car cette canonnade était bien celle de l'armée française, qui arrivait au secours de la ville.

Voici ce qui s'était passé :

Les opérations militaires importantes et rapides qui devaient être exécutées dans le Nord, avaient fait sentir la nécessité d'une main plus jeune et plus forte que celle de Houchard. Carnot, témoin de la belle conduite de Jourdan à Hondschoote, le désigna au Comité. Son choix ayant été ratifié, il se rendit lui-même près du nouveau général pour lui porter sa commission, qui réunissait sous son commandement les forces disponibles des armées du Nord et des Ardennes. Jourdan esquissa un projet, que Carnot approuva dans ses données principales, et qui fut utilisé plus tard, mais qui ne lui paraissait pas en rapport avec l'imminence du danger. De retour au sein du Comité, il proposa d'aller attaquer directement l'ennemi dans sa redoutable position, afin de délivrer Maubeuge; c'était presque une question de vie et mort pour la République. Ses collègues trouvèrent l'entreprise trop audacieuse pour la confier à un général qui commandait en chef pour la première fois, et ils ne consentirent à l'adopter qu'à la condition que Carnot irait lui-même en prendre la direction.

Celui-ci ne se donna pas même le temps d'aller dire adieu à sa famille. Il partit dans la nuit, après avoir envoyé un courrier à Péronne, où résidait son frère Feulins, prévoyant qu'il aurait besoin de lui pour quelque sorte de dévouement. A la demande de Carnot, on lui avait adjoint le conventionnel Duquesnoy, qui l'avait si bien secondé à l'attaque de Furnes, et qui allait également retrouver son frère sous les murs de Maubeuge. Tous, ainsi que Jourdan, se rencontrèrent à Péronne, le 7 octobre, et ils se transportèrent à Guise, lieu du rendez-vous général, qui prit de là le nom de Réunion-sur-Oise. Carnot écrit : « Les soldats ont confiance en lui et ne demandent qu'à se battre ; nous espérons ne pas les faire languir. L'affaire sera chaude ; mais nous vaincrons et la patrie sera sauvée. » Et puis : « Il nous faudrait au moins quinze mille baïonnettes pour charger l'ennemi à la française. »

Après une conférence entre Jourdan et les commissaires de l'Assemblée, le quartier général fut porté rapidement de Guise à Avesnes, à deux lieues des postes avancés du prince de Cobourg.

Quarante-cinq mille soldats environ, tirés des camps de Gavarelle, de Cassel et de Lille, composaient l'armée française où les nouvelles levées étaient encore très imparfaitement organisées; Cobourg avait de soixante-quinze à quatre-vingt mille hommes, partagés en deux corps, l'un d'investissement (quarante mille au moins), autour de Maubeuge ; l'autre d'observation (trente-cinq mille), au sud de cette ville, dans les positions de Wattignies, Doulers, Saint-Remy et autres villages, le long d'un petit affluent de la Sambre, le Tarsy. Fortement postés sur des hauteurs hérissées de batteries, couverts par des fossés palissadés, par des haies très élevées, par d'immenses coupes d'arbres renversés avec leurs branches, et toutes les routes étant rompues, les Autrichiens semblaient dans une position tellement inexpugnable, que leur général, en accès de jactance, dit à ses officiers : « Les Français sont de fiers républicains, mais, s'ils me chassent d'ici, je me fais républicain moi-même. »

Cette bravade fut portée dans l'autre camp, où elle stimula vivement l'amour-propre national. Nos soldats se répétaient gaiement qu'ils iraient sommer le citoyen Cobourg de tenir sa parole.

Le lendemain, 14 octobre, reconnaissance des positions ennemies par Jourdan et Carnot, fusillade engagée sur la ligne et terminée par quelques coups de canon, qui retentirent jusqu'à Maubeuge et allèrent porter l'espoir dans le cœur des assiégés.

Le 15 au matin, les Français s'ébranlent : la division Fromentin, détachée à l'aile gauche, s'avance par l'ancienne voie romaine de Reims à Bavai, vers le village du Monceau. Au centre le général Balland, avec plusieurs batteries de 16 et de 12, débouche au travers la haie d'Avesnes, terrain fort inégal et couvert de bois (il l'est aujourd'hui de pâturage) et vient occuper les hauteurs en face de Doulers et de Saint-Aubin. Le général Duquesnoy, frère du député, commandait la droite, prend possession du village de Beugnies. Le quartier général est porté au point où la route de Solre-le-Château vient s'embrancher sur celle d'Avesnes à Maubeuge.

Les opérations projetées avaient pour appui les places de Rocroy, Marienbourg, Philippeville, et les détachements qui s'avançaient de ce côté par les ordres de Jourdan ; car nous avons dit que, dans ces graves circonstances, le Comité avait mis l'armée des Ardennes à sa disposition.

Vers sept heures du matin, le général en chef s'avance, accompagné des deux représentants de la Convention. Le signal de l'attaque est donné sûr tous les points à la fois. Le plan adopté avait pour but, en quelque endroit que l'on fût victorieux, de se précipiter vers Maubeuge pour donner la main au camp retranché. Mais en cas de revers, on conservait toujours la route de Guise. Les deux ailes devaient marcher rapidement, tandis qu'au centre, à Doulers, on se bornerait à une canonnade. Des batteries, postées devant ce village, démontèrent celles que l'ennemi avait établies au delà, derrière les habitations qui bordent la grande route. Les boulets des deux artilleries se croisaient pardessus le village situé à mi-côte. Plusieurs de nos pièces, servies par les braves canonniers de la commune de Paris, firent merveille, comme à l'ordinaire.

Tout sembla marcher d'abord à souhait : le général Fromentin, à la tête de douze mille fantassins, délogea les tirailleurs autrichiens des hauteurs qui couronnent les villages de Saint-Remy et de Saint-Waast. Duquesnoy gagnait également du terrain sur la droite; maître de Dimont et de Dimechaux, il commençait déjà le feu contre Wattignies. Nos ailes semblaient devoir se joindre par un mouvement concentrique, qui mettait l'armée ennemie dans le plus grand péril.

A la nouvelle de ces succès, capables d'amener la perte totale des Autrichiens, la canonnade de Doulers fut transformée en une attaque de vive force. L'entreprise était difficile. La division Balland (environ treize mille hommes) voyait sur tous les points culminants, au delà du village, déjà puissamment défendu, une masse de bouches à feu menaçantes, et aux abords de toutes les routes une cavalerie impatiente de s'élancer.

Rien pourtant ne fit hésiter les républicains: ils coururent à l'ennemi en chantant la Marseillaise, ayant à leur tête, avec le général en chef, les représentants du peuple, dont l'exemple les enthousiasmait; ils franchirent impétueusement les premiers obstacles du terrain, pénétrèrent à la baïonnette dans le village et s'emparèrent du château; ils s'apprêtaient à escalader les hauteurs qui sont au delà du vallon de la Bracquière, lorsqu'une épouvantable mitraille vint les arrêter. Menacés en même temps par la cavalerie prête à charger sur leurs flancs, ils furent contraints d'abandonner les positions conquises avec tant d'héroïsme.

La rapidité avec laquelle ces positions avaient été enlevées par nos jeunes soldats permettait cependant de grandes espérances pour une seconde tentative. Leur élan était irrésistible. Les commissaires de l'Assemblée voulurent le mettre à profit. Le général balançait. Carnot, dans un mouvement d'impatience, laissa échapper ces mots : « pas trop de prudence, général ! » — Jourdan, blessé au vif (et blessé justement, il faut en convenir), donne aussitôt le signal d'une nouvelle attaque, et la fait appuyer par une colonne de cavalerie, chargée de tourner la position. Cette cavalerie, trouve toutes les issues barricadées. Pendant ce temps l'assaut recommence : mêmes efforts, même succès d'abord même issue fatale.

Cette fois, ce fut Jourdan, piqué d'honneur, qui voulut absolument retourner à la charge, mais sans meilleur résulat : les Autrichiens venaient de recevoir du renfort de leur droite, où nos affaires s'étaient gâtées.

Le général Fromentin, enivré par ses premiers avantages, au lieu de longer la lisière du grand bois Leroy, comme on lui avait recommandé de le faire, afin de pouvoir s'abriter contre la cavalerie supérieure de l'ennemi, s'était imprudemment aventuré dans la plaine de Berlaimont, avec des troupes de nouvelle levée; les escadrons autrichiens, débouchant tout à coup des bois de Doulers, les assaillirent et jetèrent dans leurs rangs la panique et la déroute.

Dès que ces fâcheuses nouvelles furent connues au centre, on dut renoncer à l'attaque de Doulers, calculée sur les progrès des deux ailes. Il fallait changer le plan, que l'échec de Fromentin venait de compromettre.

Le premier cri de Jourdan fut celui-ci : « Allons au secours de l'aile gauche! » L'ordre en était déjà donné, lorsque Carnot survint : « Général, dit-il avec vivacité, voilà comme on perd une bataille ! » et l'ordre fut révoqué.

La nuit était venue, la fusillade cessa; les deux armées bivaquèrent sur le champ du combat.

Le conseil s'étant rassemblé, Jourdan développa son opinion : selon les principes de l'ancienne guerre, il proposait d'abandonner toute pensée d'attaque sur le centre de l'ennemi, et de diriger des forces vers notre aile gauche, afin d'y rétablir l'équilibre. Carnot soutint au contraire qu'il fallait rappeler la division Fromentin, et concentrer nos efforts sur la droite, déjà en voie de succès, manœuvre qui nous conservait les avantages de l'offensive, si importants pour de jeunes soldats, peu faits aux chances de la guerre. « Qu'importe, s'écria-t-il, que nous entrions à Maubeuge par la droite ou par la gauche? »

— C'est là que nous devons triompher? » ajouta-t-il en mettant le doigt sur le plan au point de Wattignies. Wattignies étant plus rapproché que Doulers de la ville et du camp, cette position enlevée, l'autre devenait sans importance. D'ailleurs les corps détachés de l'armée des Ardennes, qui s'avançaient sous les ordres des généraux Elie et Beauregard, vers l'extrême gauche de l'ennemi, allaient bientôt se trouver en mesure d'appuyer le mouvement proposé par Carnot. « Si nous cédons à l'avis du représentant du peuple, » dit Jourdan, « je le préviens qu'il en prend la responsabilité. — Je me charge de tout, et même de l'exécution, » s'écria Carnot avec une ardeur qui entraîna le conseil. Jourdan eut le bon esprit de faire sienne l'idée qu'il venait de combattre, et la seconda avec autant d'intelligence que d'empressement.

Carnot comptait sur la nature d'un terrain très escarpé et très boisé, qui cacherait notre marche, et qui, cette marche découverte, permettrait de se défendre avec des forces peu considérables, soutenues par la place d'Avesnes. Il comptait aussi sur le caractère connu du général allemand, qui ne présumerait jamais, de la part de ses adversaires, une manœuvre aussi éloignée de la stratégie en usage, et duquel on ne devait guère attendre non plus un trait hardi et improvisé.

Il faut ajouter qu'un heureux hasard vint favoriser les Français : un brouillard épais, phénomène fréquent dans cette saison, s'éleva entre eux et celui qui avait tant d'intérêt à observer leur mouvement ; il dura jusque vers midi. Derrière ce rideau, six ou sept mille hommes, partis du centre et de la gauche, passèrent à la droite ; cette manœuvre donna à notre armée une direction perpendiculaire à celle qu'elle avait eue la veille. Le prince de Cobourg, qui nous croyait dans l'ancienne disposition, n'avait rien changé à la sienne. Pendant le même temps, le général Beauregard, après s'être emparé des villages de Berelles et d'Eccles, vint se placer derrière Obrechies, pour seconder l'attaque que l'on méditait.

Afin de mieux dérouter l'ennemi, les généraux Balland et Fromentin entretinrent le feu de leurs batteries du côté de Doulers, feignant de vouloir renouveler les tentatives de la veille, tandis que Jourdan et les représentants du peuple marchaient au plateau de Wattignies, qui allait devenir le but d'un effort concentrique. Vingt-quatre mille hommes allaient y combattre. Les Autrichiens demeurèrent stupéfaits lorsque, le brouillard s'étant déchiré, un soleil splendide leur montra une masse d'assaillants gravissant vers eux au cri de Vive la République! Carnot et Duquesnoy s'avançaient à la tête d'une des trois colonnes d'attaque, leurs chapeaux de représentant sur la pointe de leurs sabres.

La position des Autrichiens était très forte. Le village de Wattignies, qui donna son nom à la bataille, est situé sur un plateau élevé, qu'entourent des vallons profonds et des cours d'eau; et ces obstacles naturels avaient encore été augmentés par de nombreux retranchements. Le plateau lui-même se trouve dominé par les hauteurs de Clarye, aujourd'hui cultivées, mais alors couvertes de bruyères et également occupées par l'ennemi.

L'infanterie française marchait, soutenue par des batteries de campagne, dont les boulets lui ouvraient la voie : « De l'aveu des Autrichiens, dit un historien (Toulongeon), jamais ils n'avaient vu une si terrible exécution d'artillerie. Ils dirent qu'ils entendaient, pendant les détonations des bouches à feu, retentir dans les rangs républicains les chants belliqueux et les airs patriotiques. »

Cependant le feu de l'ennemi, n'était ni moins bien nourri, ni moins meurtrier que le nôtre : les tirailleurs du général Duquesnoy, refoulés, renversés, mitraillés, reculèrent. En ce moment le colonel Carnot-Feulins aperçut un bataillon de nouvelles recrues qui s'était réfugié dans un pli du terrain, à l'abri des coups, les soldats groupés autour de leur commandant, « comme des poulets effrayés par un oiseau de proie. » C'est l'expression dont se servait mon oncle en racontant cet épisode. Après leur avoir vainement ordonné de marcher, Carnot-Feulins saisit l'officier par le collet de son habit et l'entraîne au pas de son cheval jusque sous la mitraille; le bataillon, qui l'a suivi, rachète par une charge vigoureuse cette minute de poltronnerie.

Deux fois les Français sont repoussés avec des pertes considérables. Enfin un assaut général semble nous donner la victoire partout en même temps : Fromentin oblige son adversaire Bellegarde d'abandonner les redoutes de Saint-Waast et de Saint-Aubin ; Balland chasse les grenadiers bohêmes des hauteurs de Doulers, qui foudroyaient Wattignies ; nos tirailleurs redoublent d'efforts. Le village de Wattignies est pris et repris à la baïonnette, malgré les haies et les palissades qui entourent ces jardins ; trois régiments autrichiens sont anéantis ; l'ennemi se retire en désordre sur les hauteurs de Clarye, où il trouve une position dangereuse encore pour les vainqueurs.

Cobourg a compris le nouveau plan de ses adversaires ; il a rappelé vers le centre une portion de son aile droite ; et au moment où une brigade française, sous les ordres du général Gratien, s'avance en tiraillant au milieu des bruyères, les cavaliers impériaux accourent sur elle l'épée haute ; elle ne soutient pas le choc, elle se débande et ouvre une large trouée, par où les chevaux se précipitent. Le général lui-même commande la retraite.

Cet acte de faiblesse et de désobéissance (car Gratien avait des ordres formels qui lui prescrivaient de se porter en avant), pouvait démoraliser nos soldats et compromettre tous leurs avantages. Carnot, l'aîné, s'en aperçoit, il s'élance vers la brigade Gratien, la fait mettre en bataille sur un plateau élevé, en vue de toute l'armée, et destitue solennellement le chef qui venait de reculer devant l'ennemi, puis il saute à bas de son cheval et forme cette brigade en colonne d'assaut.

En ce moment son regard découvre un pauvre conscrit, blotti derrière une haie et tremblant de tous ses membres, Carnot s'approche de lui, ramasse son fusil, le décharge sur l'ennemi, puis ramène le jeune homme et le place dans les rangs. Prenant ensuite l'arme d'un grenadier blessé, il marche à la tête d'une colonne, tandis que son collègue Duquesnoy, comme lui revêtu de l'écharpe nationale et du costume de représentant, s'avance avec Jourdan à la tête de l'autre. Les soldats honteux de leur fuite, veulent en effacer le souvenir par un redoublement de courage en présence des commissaires de l'Assemblée : ils s'élancent avec impétuosité.

Le colonel Carnot-Feulins fait en ce moment une manœuvre décisive : il porte rapidement une batterie de douze pièces sur le flanc de la cavalerie autrichienne, qui venait de nous faire tant de mal ; son feu, bien dirigé, renverse des escadrons. L'ennemi s'arrête, recule et fuit dans la direction de Beaufort.

La position, cette fois, était enlevée.

Les deux représentants du peuple atteignirent en même temps le sommet du plateau ; vainqueurs tous deux, ils s'embrassèrent aux yeux des soldats enivrés, et un immense cri de Vive la République ! apprit à l'armée française son triomphe, à l'ennemi sa défaite.

Belle journée, qui arracha cette exclamation patriotique à un émigré, Chateaubriand : « Les Français recouvrèrent à Wattignies ce brillant courage qu'ils semblaient avoir perdu depuis Jemmapes.

« On les vit se précipiter avec cette ardeur qui distingue leur première charge de celle des autres peuples. »

Le soir même, le prince de Cobourg, jugeant prudent de ne pas attendre un second choc de ces soldats républicains, qu'il qualifiait d'enragés dans son bulletin, prit le parti de repasser la Sambre, bien que ses lieutenants, Haddick et

Benjowski, eussent obtenu d'assez notables avantages à l'aile gauche, sur les généraux français Élie et Beauregard, et bien que le duc d'York accourût à son aide, ce qui peut-être eût fait tourner la chance en sa faveur. Un brouillard comme celui qui avait favorisé la veille notre heureuse évolution couvrit celle que dut faire l'ennemi pour se mettre hors de notre portée. Il avait perdu trois mille hommes, et nous moitié de ce nombre.

Beaucoup d'officiers s'étaient distingués : parmi eux le brave d'Hautpoul, tué plus tard à Eylau, et Mortier, futur maréchal de France, blessé à l'attaque de Doulers. Celui-ci reçut de Carnot, pendant qu'on le pansait à l'ambulance, le grade d'adjudant général. Quant aux soldats, le rapport de Jourdan résume leur conduite en un mot : « C'étaient autant de héros ! »

La nuit avait couvert le champ de bataille. Carnot, éloigné des siens, privé de monture, excédé de besoins et de lassitude; était demeuré seul, tourmenté par la pensée que sa présence pouvait être nécessaire au quartier général pour arrêter les dispositions du lendemain ; car il ignorait encore la fuite de l'ennemi. Il fut heureusement rencontré par un détachement de cavalerie, dont le chef lui fit accepter son cheval et l'escorta jusqu'à Avesnes. L'alarme s'y était déjà répandue : on craignait que l'un des représentants de l'Assemblée ne fût au nombre des morts, et l'on avait envoyé à sa découverte.

« Le 17, » raconte un historien local, « les vainqueurs de Wattignies longeaient le cours de la Sambre et entraient à Maubeuge, au milieu des transports d'une joie frénétique. La fumée de la poudre, la poussière des bivacs, ainsi que le désordre de leurs vêtements, — joints à l'assurance que procure la victoire, leur donnaient un air martial et terrible, qui contrastait avec l'abattement et le dépit des troupes du camp, honteuses de leur inaction, et ne sachant comment répondre aux reproches amères qui leur étaient adressés!... »

Sans cette déplorable inaction, en effet, notre victoire eut été beaucoup plus complète, et toute l'artillerie de l'ennemi serait probablement tombée entre nos mains.

La Convention, la République entière joignirent leurs acclamations reconnaissantes à celles des habitants de Maubeuge : la Révolution venait d'échapper à l'un de ses plus grands périls.

Carnot repartit pour Paris immédiatement; et, dès le surlendemain, il écrivait à l'armée pour la féliciter de son triomphe, sans donner à entendre, même indirectement, qu'il en avait été spectateur et acteur. Il semblait n'avoir pas quitté son bureau.

III

ÉVACUATION DE KEHL

Extrait d'un *Mémoire militaire sur Kehl*, par un officier supérieur de l'armée. Strasbourg, Levrault, 1797.)

Ainsi finit, après cinquante jours de tranchée ouverte et cent quinze jours d'investissement, un des sièges mémorables que puisse offrir l'histoire. En effet, on voit d'une part une armée de soixante-six bataillons aguerris, fière d'avoir forcé son ennemi à la retraite, déployer tout l'appareil d'un grand siège contre des retranchements informes, suppléant à l'audace qui lui manque par l'immensité de ses travaux, faisant le siège de quelques ouvrages détachés, déployant une artillerie formidable contre des masures occupées par des tirailleurs; néanmoins son adversaire dispute le terrain pied à pied; elle est forcée de donner un assaut à chaque partie d'ouvrage où elle veut se loger et perd en détail plus de soldats qu'une attaque générale ne lui en eût coûté. Enfin elle arrive à son but après avoir perdu six mille hommes et consommé les munitions nécessaires au siège d'une place de première ligne.

De l'autre côté, une place construite à la hâte, en terre, dont quelques parties seulement sont revêtues, sans bâtiments, sans magasins. sans abris; liée à un camp retranché d'un grand développement, mais dont les principales défenses consistant en flaques et en marais se trouvent réduits à rien par la gelée. A la vérité, elle a l'avantage de ne pouvoir être entièrement bloquée et de conserver une communication facile avec Strasbourg, ce qui en impose assez à l'ennemi pour l'engager à ne rien donner au hasard : quoique défendue par des troupes harassées d'une longue retraite, auxquelles on ne peut fournir les objets d'habillement et les soulagements les plus indispensables, le terme de sa défense dépasse de beaucoup celui qu'on eût pu lui prescrire... Presque toutes les palissades étaient renversées, les fossés comblés en partie par les éboulements des parapets, et l'arrivée des renforts devenue très difficile... On se décida donc à évacuer... On n'eut guère que vingt-quatre heures pour tout enlever. Néanmoins on y mit une telle activité qu'on ne laissa pas à l'ennemi une seule palissade; tout fut ramené à la rive droite, jusqu'aux éclats de bombes et d'obus, et aux bois des plates-formes.

UNIFORMES FRANÇAIS

(ARMÉES DE SAMBRE-ET-MEUSE ET RHIN-ET-MOSELLE)

Je tenais particulièrement à donner avec ce journal des dessins d'uniformes français dont l'authenticité fût égale à celle du texte. Bien qu'il n'y ait pas encore un siècle écoulé depuis 1792, la chose était malaisée. Il est plus facile de retrouver la tenue exacte d'un fantassin du quinzième siècle que celle d'un soldat de l'armée de Rhin-et-Moselle. Après l'avoir vainement cherchée en France, c'est en Allemagne que je l'ai rencontrée, grâce à mon confrère Raffet, du Cabinet des Estampes de la Bibliothèque nationale.

Pour bien connaître certains secrets de la vie parisienne, il convient souvent de lire les correspondances des journaux étrangers. De même, il faut voir les gravures allemandes de 1792 à 1802 pour se faire une idée de la tenue qu'avaient alors nos troupiers en campagne. Rien de plus imprévu ni de plus décousu ; on se figure aisément la surprise des bons Germains habitués à la correction de tenue et de mouvements des armées disciplinées à la prussienne. Leurs dessinateurs ont aussitôt voulu en fixer le souvenir ; ils n'ont rien dissimulé des habits déchirés, des chemises en lambeaux, des souliers troués ; ils ont mis à nu toutes les misères de ces conquérants affamés, qu'ils personnifient souvent en la personne d'un maigre fantassin ouvrant la bouche pour avaler cette boule ronde qui représente le monde, avec l'inscription : *il y passera.*

Les Allemands devaient sentir cruellement la présence de ces bandes qui vivaient généralement sur leurs conquêtes, et cependant ils en peuvent donner d'air féroce à leurs oppresseurs. Autant ils prêtent une mine grognonne à leurs compatriotes en armes, autant ils conservent un air souriant à ces endiablés qui veulent absolument boire leur vin et danser avec leurs filles, non sans leur prodiguer les caresses les plus cavalières. Ils ont même voulu sans doute faire honte aux faiblesses des femmes qui ont fini par sourire à ces gueux, car une de leurs caricatures favorites représente un pantalon d'uniforme français dont chaque jambe est tirée en sens contraire par deux commères rivales. D'autres sujets favoris sont le départ du régiment, les femmes en pleurs, et des petits berceaux où le nouveau-né montre une tête miraculeusement coiffée d'un bonnet de grenadier.

Il faut avouer que les séducteurs n'avaient que la figure pour eux et qu'il leur fallait une amabilité prodigieuse pour masquer les désastres de leur uniforme. Des artistes de talent ont, après coup, naturalisé en France un type *correct* du soldat républicain ; il porte moustaches, a le cou découvert, la cravate noire ; son chapeau est mis *en colonne* et son pantalon a des raies roses ; mais en réalité, c'est moins coquet. D'abord le chapeau à cornes, considéré comme gênant, est coiffé crânement en bataille comme celui des gendarmes, et le plus souvent à rebours, bien en arrière, cocarde et panache du côté du dos. La ganse de la cocarde sert de ratelier à divers menus objets. Tantôt c'est la pipe qu'on y passe ; tantôt la cuiller et la fourchette à deux pointes s'y croisent en manière de pompon gastronomique. Quelquefois la cuiller change de place et se passe élégamment dans deux boutonnières du revers d'habit. Le casque et le bonnet de hussard sont également rejetés en arrière de la tête. La moustache est une exception. La cravate monte très haut, fait plusieurs tours et ses bouts retombent avec un gros nœud sur les buffleteries. Cette forte cravate, presque toujours rayée, est plus souvent jaunâtre que noire. Comme on le verra, l'habit boutonne peu et les coudes, parfois troués, donnent une triste idée de la blancheur que pouvaient avoir conservée les revers et le gilet.

Le pantalon est à pont, plus ou moins bien boutonné ; s'il est rayé, ses rayures affectent toutes les dispositions et toutes les couleurs ; les carreaux, les losanges, les zébrures se remarquent dans l'uniforme des volontaires, et certains officiers, qui portent le sac au dos comme leurs soldats, ont de véritables chausses collantes, rayées horizontalement de rouge, blanc et bleu maintenues par des sous-pieds fort longs qui vont chercher le pantalon au-dessus de la cheville. Les chaussures, dont nous avons rempli tout exprès une page, sont presque toujours dans le plus triste état ; un chasseur à pied que nous reproduisons plus loin, paraît n'avoir plus que des semelles fixées par des lanières. Un autre a les pieds complètement nus. La cavalerie n'en est pas encore aux habits à pans écourtés, même dans certains régiments de hussards, elle reste fidèle aux pans longs agrémentés de passepoils et de force boutons ; la basane qui protège quelques pantalons a des contours à la grecque ; le bonnet des hussards est surmonté d'un panache presque aussi long, et le casque sans visière des dragons disparaît avec une partie du visage sous une crinière échevelée qui leur donne un aspect féroce. L'artillerie ne se distingue que par sa tenue complète de drap bleu; son aspect sévère est relevé par les soutaches rouges du gilet dans l'artillerie à cheval.

Le havre-sac de beaucoup de soldats n'a rien de la forme régulière d'aujourd'hui. C'est un sac ordinaire en cuir ou en toile brune, serré à la gorge par une ficelle, maintenu par des bretelles; et il descend presque sur les reins du patient, ce qui devait augmenter le poids.

Un seul soldat porte le bonnet de police à flamme longue avec un havre sac vraiment militaire, mais dont les courroies retiennent tout un monde. Dans le haut s'étale une oie; son cou est serré par la bretelle, et sa tête retombe mélancoliquement dans la direction d'une marmite ballottant à hauteur de la giberne. Le centre est barré par un pain long, et un flacon pend sur le côté droit. On voit que l'assortiment est complet et que nos zouaves n'ont rien inventé. Les officiers ont des pistolets à la ceinture, et portent le haussecol retenu par une chainette ou par un cordon plus long qu'on ne l'a porté depuis; c'est avec le sabre le seul insigne qui annonce le grade sur la longue capote de campagne. Presque tous les tambours sont des enfants ou des adolescents; comme âge, Barra n'était pas une exception.

J'ai parlé de la surprise causée de l'autre côté

du Rhin par l'apparition des armées républicaines. On a peine à croire qu'elle se soit traduite d'une façon flatteuse pour nos armes, et cela au cœur même des pays allemands. Rien n'est cependant plus certain quand on peut être mis en présence d'une sorte d'album, in-quarto oblong imprimé à Leipzig en 1794 pour le compte du libraire Friedrich August Leo. Le texte allemand et français est précédé des deux titres généraux que voici :

Abbildung und Beschreibung Verschiedener Truppen des franzosischen armee, mit illuminirten Kupfern.	Représentation et description de différentes troupes de l'armée française, avec des planches coloriées.

Le texte est sur deux colonnes. Voici le titre particulier de la partie française:

« Description des quelques corps composant les armées (françaises), par un témoin oculaire[1]. *Leipzig, bei Friedrich August Leo.* 1794. »

Cette description nous a paru si intéressante et même si surprenante au point de vue politique que nous la reproduisons intégralement ici. Son rapport avec notre sujet est direct, et les détails donnés sont d'une exactitude précieuse.

(1) Bibl. Nat. Estampes OA, 105 G.

L'auteur allemand s'exprime en ces termes :

« L'énergie, la bravoure et la constance avec laquelle les troupes françaises font une guerre qui n'a pas encore d'exemple dans l'histoire, doivent faire réfléchir toute tête à laquelle les intérêts de ce bas monde ne sont pas indifférents.

« Combien de choses jusqu'à présent a-t-on cru sur parole indispensables à une armée pour la rendre victorieuse et dont se sont passé depuis quatre ans les armées françaises !

« La sévère discipline que Frédéric II avait introduite parmi ses troupes a fait beaucoup d'imitateurs et trouvé une infinité de partisans. Trompé par l'apparence, on s'est imaginé que la sévérité poussée jusqu'à la plus inhumaine contrainte, rendait des automates invincibles ou victorieux, On en aurait jugé bien autrement dans le temps des succès de Frédéric, si on avait eu le mot de l'énigme....

« La guerre présente est bien capable de détruire une prévention qui fait généralement à chaque soldat une victime dévouée aux coups de bâton de toute une échelle de supérieurs.

« Partout on prétend que les armées agissent et partout le soldat est une créature passive qui ne peut ni se mouvoir ni agir. En garnison on accoutume le soldat à s'humilier sous le bâton, et quand on a la guerre on prétend qu'il soit sensible à l'affront d'une défaite dont la honte ne retombe jamais sur lui.

« C'est cependant avec des hommes ainsi dégradés qu'on prétend vaincre des troupes qui ne connaissent de différences entre les individus que celles des fonctions qui leurs sont confiées ; de discipline que le devoir du degré où chacun se trouve placé, et de subordination que celle qu'imposent la loi et l'avantage du service. Jamais en avilissant l'homme on ne lui fera faire de grandes choses ; ce n'est qu'en lui montrant qu'il est digne de cet honneur qu'on lui fait venir l'envie de l'acquérir.

« Les hommes sont ce qu'on les fait. C'est à ceux qui les emploient à savoir les manier, les former tels qu'ils doivent être pour remplir ce qu'on en attend. Mais on ne doit pas s'attendre qu'on les intéresse à faire réussir des projets qui ne leur offrent aucune perspective avantageuse pour eux ou les leurs contre des hommes qui se sont donné une manière d'être qu'ils trouvent bonne et qu'ils croient avoir droit de défendre envers et contre tous....

« Entre princes, la guerre est un jeu de hasard où le dernier écu décide. Entre princes et nation c'est le lion enveloppé d'un filet : la souris n'est pas toujours là pour en ronger les mailles. On perd quelquefois de vue que l'on ne peut rien si l'on n'est soutenu de cet accord général qui fait voler toutes les volontés vers un même but. Vouloir agir dans cet état d'erreur, c'est s'exposer à des disgrâces, ou tout au plus à des succès éphémères. C'est ce que prouve l'expérience de tous les temps. Les princes créent des armées, mais que de peines et de dépenses il leur en coûte... combien d'intérêts privés il faut ménager dans la levée des recrues ! Combien de temps s'écoule avant que ces nouvelles levées puissent entrer en campagne ! Le mal n'est pas grand si c'est contre un prince que l'on est en guerre. Est-ce au contraire contre une nation ? Elle se lève et marche, et il est facile de voir de quel côté sera l'avantage.

« Une nation levée ainsi n'a pas, il est vrai, ce coup d'œil flatteur qu'offre un ancien régiment lorsqu'il est rangé en parade, où tous les soldats semblent coulés dans le même moule. Cette rigoureuse uniformité en impose, mais elle n'est pas, comme on le voit à présent, indispensablement nécessaire à la victoire. La garde nationale n'est pas une troupe moins courageuse, bien qu'irrégulièrement vêtue, que celles de cette ligne, où cette régularité s'observe plus exactement.

« Animées du même esprit, ces diverses troupes combattent avec la même bravoure, bravent la mort avec le même courage, supportent en commun travaux et fatigues.

« L'on ose donc croire que le public ne verra pas

avec indifférence l'image de quelques-uns des corps dont les armées républicaines sont composées. Les figures enluminées sont représentées au naturel, telles que les a vues un témoin oculaire. Nous nous sommes contenté d'en multiplier les copies sans y rien changer.

« Les dragons font en France un service tout autre que dans les armées des autres souverains. On les place sur les ailes, dans des postes avancés, au passage des rivières, aux défilés ou aux têtes de pont. Mais leur véritable place, un jour de bataille, est au corps de réserve, à cause de la vitesse avec laquelle on peut les faire mouvoir et de la vivacité avec laquelle ils chargent l'ennemi. On les emploie encore diversement dans les sièges et dans une infinité de cas où on les fait suppléer à l'infanterie aussi bien qu'à la cavalerie. Aussi leur fait-on également bien apprendre les exercices de ces deux armes. Jusqu'à la fin de la guerre de Sept ans, ils furent habillés de rouge; mais depuis on les a habillés de vert. Leur uniforme est : habit vert, parements, revers, collet et doublure rouges, veste et culotte blanches ou ventre de biche, casque de laiton poli surmonté d'une touffe de crins noirs pendant sur l'arrière de la tête, bottes molles et sabres recourbés à la housarde. Leurs chevaux sont ordinairement de quatre pieds à quatre pieds deux pouces. A cheval, leurs armes sont un fusil, deux pistolets et le sabre; à pied, ils n'ont que le fusil et le sabre. On n'y admet que des jeunes gens vigoureux, lestes, bien faits et qui montrent beaucoup d'adresse.

« Les grenadiers à cheval durent leur première création à Louis XIV. Pour mettre le lecteur à même de juger de quels hommes cette troupe a toujours été composée, c'est que pour la former chaque capitaine de grenadiers fut tenu de fournir un homme de la taille requise, généralement reconnu pour fort et brave et portant moustache. Cet esprit de corps, ce courage à toute épreuve ne se sont jamais démentis. Leur uniforme est bleu foncé, parements, revers et collet écarlates, boutons blancs sur lesquels est imprimé l'arbre de la liberté avec le bonnet et autour l'inscription : *République française*; veste et culottes blanches blanc d'argent et aussi des culottes de peau. Bonnet de poil à fond rouge, cordons et crépines tressés des couleurs nationales. Au milieu du front, une plaque sur laquelle est imprimé en relief le sceau constitutionnel avec des trophées et à chaque côté de la plaque une grenade enflammée. Le poil de ces bonnets est renversé de haut en bas, afin que l'eau de la pluie s'y arrête moins. La doublure de l'habit est de serge blanche. Au bas des pans où sont les crochets pour les retrousser, il y a une grenade de drap rouge, et, au lieu de flamme, il y a de petits glands qui en descendent pendus à des cordons de la même couleur. Ils ont des aiguillettes tressées de rouge et de blanc, des cols noirs, des bottes molles, mais des genouillères fortes. Leurs armes sont la carabine, deux pistolets, et un sabre dont la lame droite a près de deux pouces de large et se termine en pointe très aiguë, dont le double tranchant a environ huit pouces de long, et tout le sabre entre quarante et quarante-cinq. Ils le portent en bandoulière. Ils ont un porte-cartouches de cuir brun avec une plaque blanche sur laquelle est imprimé en relief l'arbre de la liberté avec le bonnet, mais sans inscription. Enfin, ils ont un grand manteau bleu bordé d'un cordonnet rouge, muni d'un ample rabat qui leur sert de capuchon. Dans l'action, principalement quand ils sont attaqués, ils s'abaissent fort avant sur leurs chevaux et savent adroitement se servir de la pointe de leur sabre, au maniement duquel ils s'appliquent singulièrement dans leurs moments de loisir, ce qui leur procure un avantage décisif sur leurs ennemis, qui n'ont ni la même dextérité ni la même vitesse quand même ils auraient la même bravoure.

« Les chasseurs à cheval sont de création moderne et forment dans les armées françaises une très nombreuse cavalerie. Leur service approche assez de celui des dragons, excepté qu'on les employe plus communément à la découverte ; à battre les bois toujours en avant de l'armée. Leur uniforme est un habit vert foncé à collet droit; parements, revers et boutons blancs comme ceux des grenadiers à cheval, culotte de peau et veste blanche. Leur habit un peu court a la doublure blanche, les poches en long avec trois boutons sur les pattes. Ils portent des bottes molles, genouillères de même. Il n'est pas possible de donner une description exacte de leur bonnet ou casque. Il a la forme du bonnet de liberté, il est de cuir fortement battu et surmonté d'une touffe de crins de cheval ou de peau d'ours de la largeur de la main. Cette coiffure est entourée d'une bande de toile cirée jaune et tigrée. De chaque côté, une chaîne de laiton qui, en remontant, forme un angle aigu. Autour du cou, ils ont des cols ou des cravates noires. Les bas officiers se distinguent dans ce corps comme dans celui des grenadiers à cheval par quelques ganses sur les manches, mais qui dans ce corps ci sont tressées des couleurs nationales. Leurs armes sont le mousqueton carabiné, deux pistolets, un long sabre à monture de laiton dont la pointe a huit pouces de double tranchant. Ils le portent en bandoulière à un ceiron de cuir. Le porte-cartouches est de cuir noir avec une plaque jaune et le sceau constitutionnel en relief. Ils ont des manteaux de la couleur de l'habit; l'un et l'autre sont bordés d'un cordonnet rouge. Ils ont des chevaux de douze à treize paumes. C'est la partie la plus nombreuse de la cavalerie.

« L'on n'a rien changé au reste de la cavalerie, l'ajustement et les armes sont les mêmes, aux boutons près qui sont comme ceux des grenadiers et des chasseurs; les cavaliers ont une cocarde avec une aigrette tricolore à leur chapeau.

« L'habillement des chasseurs à pied est peu différent de celui des chasseurs à cheval, si ce n'est que l'habit est plus long et va jusqu'aux genoux. Ils ont les mêmes casques, ainsi que vestes et culottes; et des bottines très légères de cuir de bœuf. Les bas officiers ont deux épaulettes pour les distinguer des simples chasseurs. Ils ont pour armes un fusil avec une baïonnette et un sabre comme celui des grenadiers qu'ils portent en bandoulière. Le porte-cartouches est de cuir noir avec une plaque jaune aux armes de la patrie. Les chasseurs et les troupes de ligne forment l'élite de l'infanterie. Il y a par bataillon ou par compagnie un certain nombre de chasseurs de profession, armés de carabines et de poignards; au lieu de giberne, ils ont une flasque (poire à poudre). Ils sont distingués des autres par un collet rouge sur l'habit et une épaulette tricolore sur l'épaule droite. Cette troupe rend de très grands services en ce qu'elle est également propre au service des troupes de ligne et des troupes légères.

« Il n'est pas aisé de donner une description exacte des gardes nationales ni de les ranger dans une classe quelconque. Mais l'on doit être convaincu qu'elles se battent bien, quoiqu'il s'en trouve parmi qui ne sont vêtus que de jaquettes et chemisolles, de *sareaux* de toile ou d'habits de toute couleur, des vestes de piqué ou d'indiennes, et des culottes de toute façon. La plupart cependant ont des habits d'un bleu foncé avec collets rouges ou blancs, boutons jaunes ou blancs, où le bonnet ou l'arbre de la liberté est empreint. En partie, ils portent des *gamaches* ou guêtres; beaucoup vont en souliers et en bas de soye; mais tous généralement portent à leur chapeau de petits objets qui font allusion à la Liberté et à l'Égalité. Ils ont tous un fusil et une baïonnette; quelques-uns ont des porte-cartouches, d'autres n'en ont point. Il en est de même de l'épée. Au lieu de havre-sac, ils ont un sac de poche dans quoi ils portent leurs hardes.

« L'on appelle à présent *légion* des troupes de cultivateurs français, partie mis en réquisition et partie gens de bonne volonté. Leur habillement n'est autre que le vêtement ordinaire aux gens de la campagne. Ils sont coiffés de bonnets ou chapeaux de différentes formes, mais toujours avec la cocarde nationale. Tous ont des bas bleus avec une jarretière bouclée de façon que le bas fait auprès du genou une espèce de petit bourrelet. Leurs culottes sont toutes différentes les unes des autres : de drap, de toile de toute sorte de couleur jusqu'à de peau noire. Leurs souliers sont fermés avec des attaches bleues ou noires. Leurs armes sont la lance ou la pique dont le manche a à peu près six pieds et est peint des couleurs nationales. Quelques-uns ont un fusil avec la baïonnette. D'autres ont autour du corps une ceinture, à la gauche de laquelle est attaché un pistolet. Ce sont pour la plupart ceux qui portent des piques. Plusieurs ont, outre cela, des épées de parade, des poignards ou autres armes blanches pendues au côté. Il y a auprès de chaque armée une ou deux légions selon que l'armée est nombreuse. Chaque légion est forte d'environ sept mille hommes. Ce sont des officiers et des bas officiers tirés des invalides qui les commandent, avec quelques autres qu'ils ont élus eux-mêmes parmi eux. A chaque légion se trouve un général de brigade ou un brigadier.

« Ces légions ne reçoivent ni pain ni paye ; elles pourvoyent elles-mêmes à leur entretien. Les hommes y sont tenus à un an de service ; elles ne se montrent jamais en rase campagne et ne se rangent point en bataille. Elles ne laissent pas que d'inquiéter beaucoup les armées ennemies... »

PLANCHES

I

GÉNÉRAL DE DIVISION

D'après une gravure de la collection Dubois de l'Étang,
(Facsimilé réduit aux deux tiers de l'original.)

Plumet tricolore surmontant trois plumes rouges. Habit bleu à collet rouge rabattu; galon d'or au chapeau, aux manches, aux poches et au collet. Culotte blanche; bottes noires; écharpe rouge à frange dorée. Dragonne dorée à la poignée du sabre; le fourreau est garni de cuivre doré.

Cette figure jeune ne doit pas surprendre à l'époque où un simple officier pouvait franchir quatre grades en vingt-quatre heures, pour perdre aussitôt le commandement s'il ne justifiait pas cette confiance par une victoire.

II

ADJUDANT GÉNÉRAL

Même provenance.

« En tenue de campagne », dit la légende. Le ceinturon doré le chapeau à plumes et à glands contrastent bien un peu avec la sévérité de cette longue capote bleue à collet rouge rabattu. Mais il était bon que l'adjudant général fût aperçu de tous, car c'était un véritable chef d'état-major, classé hiérarchiquement au-dessous du général de brigade, mais au-dessus du colonel.

II

III

HUSSARD

D'après un recueil d'uniformes gravés à Augsbourg en 1802.
(Bibl. nat. Estampes O. 32 B.A.)

Shako noir entouré d'une flamme de drap noir à passepoil bleu. Panache vert et rouge. Cordon blanc avec gland retombant à droite du shako. Dolman brun-marron soutaché de blanc et fourré de noir. Culotte bleue soutachée de blanc. Sabretache orangée avec ornements de cuivre. Demi-bottes noires.

L'inclinaison prononcée du shako paraît un peu forcée par les dimensions du panache; elles sont telles que l'équilibre serait compromis si la verticale était conservée.

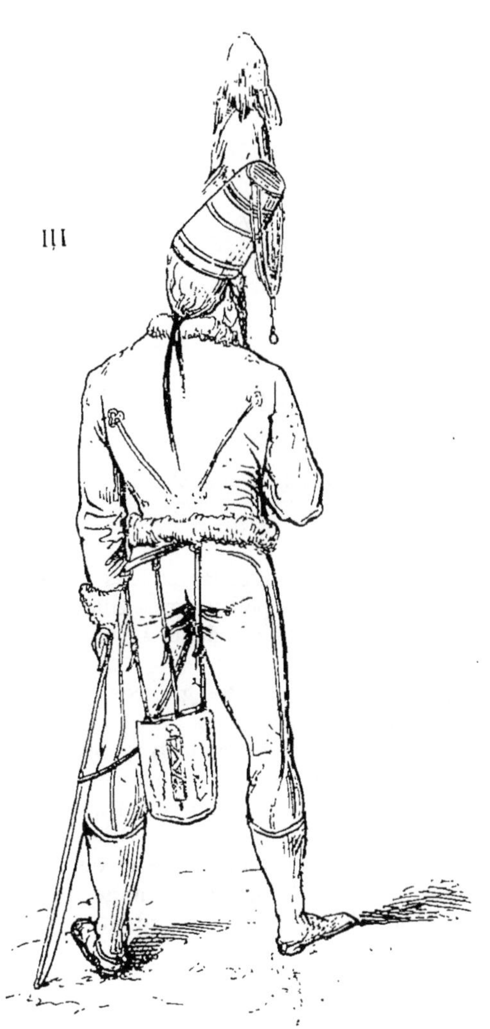
III

IV

OFFICIERS ET SOLDATS D'INFANTERIE

Même provenance.

L'officier porte un panache rouge. Habit bleu à col et parements rouges. Revers blancs à passe poil rouge. Gilet et pantalon collant blancs. Sac au dos. Hausse-col doré. La main droite s'appuie sur une canne.

Le fantassin placé derrière lui a les guêtres noires et la culotte de nankin. Habit bleu à revers blancs.

Le bonnet à poil du grenadier rappelle trop celui des grenadiers autrichiens pour ne pas avoir été pris dans un magasin de l'ennemi. Ce qui confirmerait dans cette idée, c'est qu'il est visiblement trop étroit pour la tête de notre homme. Gilet rayé blanc et rouge; cravate rayée blanc et bleu; celle-ci encadre le menton comme une cravate à la Garat. Épaulette rouge; plumet tricolore; pantalon nankin. Même habit que le précédent.

IV

V

SOLDAT D'INFANTERIE

Même provenance.

Celui-ci offre un spécimen du genre négligé. Il a le même habit et le même chapeau, mais son pantalon quadrillé, bleuâtre, porte au genou une forte pièce d'étoffe différente. Des souliers, il n'a conservé que les semelles, sur lesquelles l'empeigne taillée fait l'office de courroies de sandales. Pas de gilet. Cravate lâche. L'habit ouvert laisse largement passer la chemise.

VI

CAVALIERS

Même provenance.

Habit bleu à revers rouges. Gilet, culotte et buffleteries blancs. Bottes et chapeau noirs. Panaches roses. Cravate jaunâtre.

On sait qu'il y avait alors à côté des hussards, des dragons et des chasseurs, des régiments de *cavalerie* proprement dite. C'était, moins la cuirasse et le casque, ce que nous avons appelé ensuite la grosse cavalerie.

VI

VII

OFFICIERS D'ARTILLERIE

Même provenance.

L'un de ces deux officiers semble appartenir à l'artillerie légère ; il porte le casque de cuivre du dragon orné d'un panache rouge, ce qui dut être une exception ; l'autre a conservé le chapeau à cornes en usage dans l'artillerie à pied. Leurs uniformes sont complètement bleus, avec passepoil rouge ; des soutaches rouges ornent le pantalon et le gilet. Les poignées de sabre affectent des formes diverses ; les bottes sont de même, fortes et légères. Ce qui ne varie point, c'est le type des figures, qui sont rasées et ornées seulement de petits favoris très courts.

VII

VIII

CHASSEUR A CHEVAL

D'après les *Abbildung franzosischen*. Leipzig, 1794.

Casque noir à courte crinière semblant retomber devant et derrière. Habit et pantalon collant vert avec passe poil rouge; des galons rouges blancs et bleus sont disposés sur la cuisse de façon à former une pointe tricolore.

On trouve dans le supplément (*Uniformes*) une description plus complète de l'armement et de l'uniforme de cette cavalerie.

VIII

IX

VOLONTAIRE DU 1er BATAILLON DE PARIS

Même provenance.

Casque noir à demi-crinière droite et à ornements de cuivre; il est entouré d'une bande tigrée. Habit bleu, avec revers et retroussis blancs. Culotte blanche; guêtres noires; épaulettes vertes.

Voir également dans notre supplément (*Uniformes*) les détails qui concernent les gardes nationaux volontaires.

IX

X

DRAGON ET HUSSARD

(Bibl. nat., OB. 32 A.)

Le dragon est conforme au type décrit dans notre supplément. Son casque est sans visière; une épaisse crinière augmente encore le caractère énergique d'un profil orné de longues moustaches.

Son compagnon le hussard nous offre le profil de cette coiffure étonnante qu'on a déjà vue planche III. Le panache rouge n'a rien perdu de ses dimensions; il est négligemment entouré d'une flamme marron à passe poil rouge. Dolman et pantalon verts: collet et soutaches rouges. Les gants sont jaunes; le fourreau du sabre est en cuir garni de cuivre.

X

XI

HUSSARD

Même provenance.

Les hussards républicains qu'on représente d'ordinaire sont conformes au type de nos planches III et X. Celle-ci prouve qu'il y en avait un autre ne portant pas le dolman à tresses, mais un habit vert à revers et à pans longs, collet et parements roses. Pantalon et gilet verts; le pantalon est protégé par une basane fauve dont les bords sont déchiquetés à la grecque. Il boutonne sur le côté, selon le modèle qui fut baptisé du nom de *charivari*. La bande est rouge.

La coiffure reste seule identique: tresses de cheveux tombant sur le devant pour encadrer le visage, shako entouré d'une flamme noire à passe poil rouge que fixe un cordon blanc; panache rouge. D'où part le sous-pied qui rattache le pantalon déboutonné à ce soulier muni d'éperon?... Mystère!

XI

XII

GRENADIER A CHEVAL

D'après les *Abbildung franzosischen.* Leipzig, 1794.
(Bibl. nat. Estampes OA, 106 C.)

Son uniforme, son armement et son équipement répondent à la description très complète donnée dans notre supplément. Bonnet à poil brun avec plaque blanche, plumet et cordon rouges. Habit bleu à revers et collet rouges ; retroussis de basques, gilet et culotte blancs Bottes noires, gants à manchettes de buffle. Schabraque bleue galonnée de jaune.

XII

XIII

TAMBOUR

D'après un recueil gravé à Augsbourg en 1802.
(Bibl. nat. Estampes, OB 32 A.)

Le baudrier de buffle flotte tout avachi; l'enfant a décroché son gros tambour retenu sur l'épaule à l'aide d'une bretelle qui devrait aller rejoindre le cercle de la caisse. Cette charge n'est pas commode, son corps ballotte dans son habit bleu qui est trop large, son chapeau à pompon rouge est aplati comme un chapeau d'arlequin. Le pantalon de nankin laissé voir des chevilles nues, les souliers sont devenus savates, mais cela n'empêche pas le gamin de marcher fièrement à grandes enjambées.

La planche XX montre que presque tous nos tambours étaient alors des enfants.

Et quand on pense qu'un ministre de la guerre a rogné nos tambours de moitié avant 1870 pour ne pas incommoder des hommes faits !

XIII

XIV

FANTASSIN ET SOUS-OFFICIER

d'après une gravure allemande de 1796.
(Bibliothèque nationale. Estampes, collection Hennin.)

L'air posé et la tenue presque régulière du sous-officier contrastent avec la mise lamentable du soldat. La cravate pend; les manches de son habit vert sont déchirées; il n'a plus qu'un bas de couleur brune, le *pont* de sa culotte nankin menace ruine. Une cuiller et une fourchette à deux pointes, croisées derrière sa cocarde de chaque côté du pompon, complètent son air de soldat maraudeur. Un mouchoir serré au biceps semble protéger une blessure.

Type analogue à nos numéros V et XVII.

XIV

XV

CHASSEURS A PIED

D'après un recueil gravé à Augsbourg en 1802.
(Bibl. nat. Estampes, OB. 32 A.)

Ces chasseurs diffèrent un peu du type décrit dans notre supplément. L'un, qui semble un caporal, porte le casque de volontaire. Son habit court est de couleur noire à parements bleus. Pantalon bleuâtre à raies bleu foncé. Cravate jaune. Épaulettes rouges. Galons blancs sur la manche.

Son voisin a l'uniforme complètement noir, avec collet et retroussis bleu clair. Son chapeau est placé à rebours. Épaulettes et panaches rouges; buffleteries jaunâtres. Les souliers ont été transformés en savates retenues par des cordelettes croisées au-dessus de la cheville du pied, qui est nu comme toujours.

XV

XVI

GRENADIER DE LA LIGNE

D'après les *Abbildung franzosischen*. Leipzig. 1794
(Bibl. nat. Estampes. OA. 105 G.)

Bonnet à poil noir avec plaque de cuivre. Habit, veste et culotte blancs. Les revers, le collet et les parements sont rouges : les guêtres noires. Il ne porte point de havresac, mais on voit une sorte de besace poindre à côté de sa giberne.

C'est un dernier échantillon de l'ancienne armée qui va prendre l'habit bleu au moment où l'embrigadement fondra les régiments et les bataillons de volontaires.

XVI

XVII

VOLONTAIRES

D'après une gravure allemande de 1796.
(Bibliothèque nationale Estampes, collection Hen nin.)

Le volontaire casqué sent d'une lieue son faubourien. Ami d'un certain luxe, il a retroussé sa manche pour montrer un bout de manchette il fait exhibition d'un mouchoir de poche élégamment noué à sa buffleterie, et une breloque de montre descend sur sa cuisse gauche. Le nœud coquet de sa grosse cravate, la cuiller qui montre sa tête au revers de l'habit, et le pain empalé dans sa baïonnette tordue sont autant de détails caractéristiques. L'un de ses souliers est retenu par une boucle, l'autre est noué avec une ficelle. Zébré d'un côté, quadrillé de l'autre, comme ces chausses mi-partie du moyen âge, le pantalon, blanc rayé de bleu, est trop court pour ne pas avoir appartenu à quelque frère d'armes.

Nous avons décrit l'assortiment gastronomique du voisin dans le supplément; son bonnet de police bleu à turban rouge est à remarquer comme un échantillon du modèle primitif.

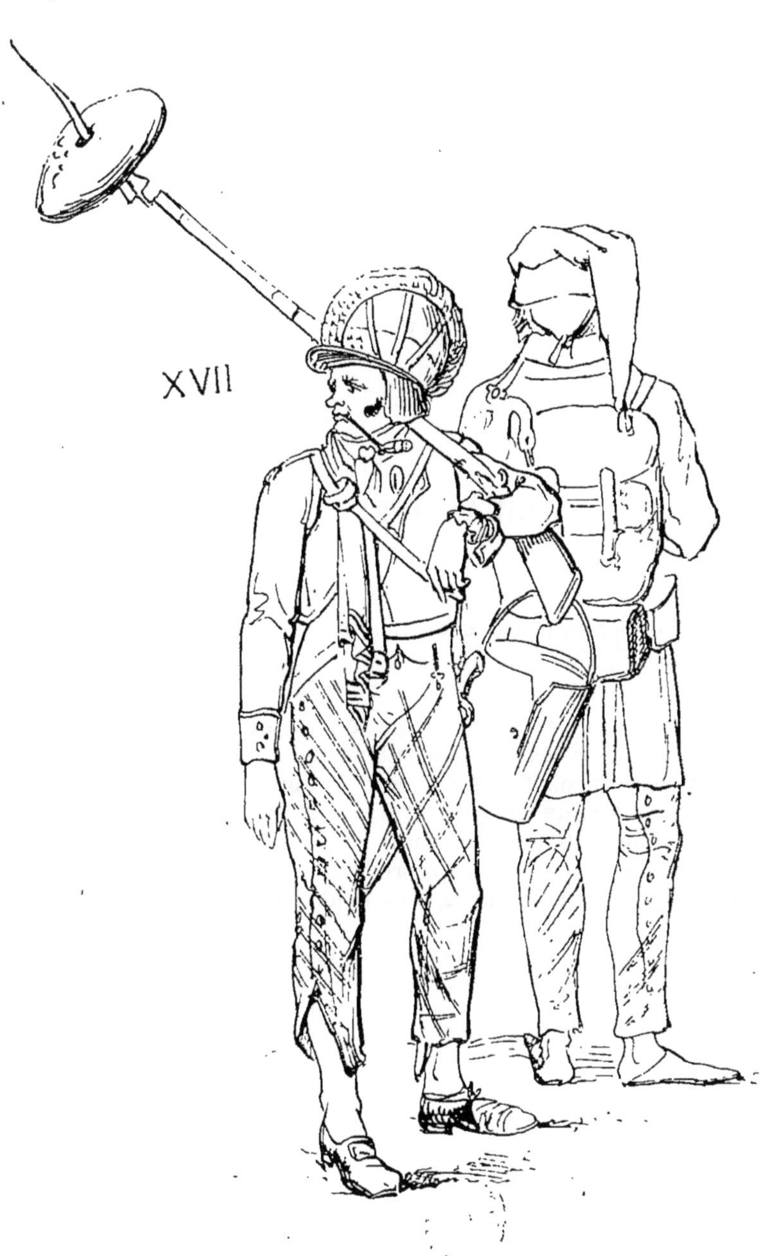
XVII

XVIII

CUIRASSIERS

D'après la gravure de Zix.
(Facsimilé réduit aux deux tiers de l'original.)

Zix est un artiste strasbourgeois qui a pu étudier d'après nature les soldats de l'armée de Rhin-et-Moselle.

Non content de m'avoir fourni des rectifications précieuses pour la partie géographique du *Journal de Fricasse*, mon ami Charles Mehle a bien voulu mettre les gravures de Zix à ma disposition. Mais leur dimension rendait la reproduction difficile ; j'ai dû me contenter de détacher un groupe de deux cuirassiers attablés sur le seuil d'une maison alsacienne.

On sait que les cuirassiers formaient en 1791 le 8e régiment de cavalerie. De là leur ressemblance avec les cavaliers de notre planche VI.

XVIII

XIX

HUTTES DE CAMPEMENT

D'après une gravure datée du 14 août 1796.
(Bibl. nat. Estampes, collection Hennin.)

Ces huttes ou abris, dont il est question dans notre journal étaient faites de branchages. On voit qu'elles affectent trois formes : une forme oblongue, destinée sans doute aux soldats ; une forme pyramidale, moins spacieuse, destinée aux sous-officiers ; une forme conique, dont la clôture plus complète annonce un campement d'officiers.

Le factionnaire qui veille à la porte ne laisse aucun doute sur ce dernier point. Il sonne en ce moment d'un cornet d'appel, ce qui lui donne les doubles fonctions de sentinelle et de trompette de garde.

XIX

XX

RASSEMBLEMENT D'INFANTERIE

D'après une gravure allemande conservée dans la collection Dubois de l'Étang. Voici la traduction de son titre :

« Véritable représentation d'une parade de la garde française à Mannheim, au mois d'octobre 1795. »

(Facsimilé, réduit au tiers de l'original.)

Cette planche est excessivement curieuse. On ne doit pas prendre son titre au pied de la lettre. Le dessinateur allemand, que je tiens d'ailleurs pour sincère, a pris le moment non de la parade proprement dite, mais du rassemblement qui la précède.

Logés chez les bourgeois de la ville, les soldats arrivent petit à petit et se portent sur le front de l'alignement indiqué par les trois officiers qui viennent de mettre le sabre à la main.

Dans cette troupe figurent, selon l'usage, des détachements de tous les corps de passage dans la place, et certainement aussi des soldats isolés, éclopés, utilisés pour le service. De là, un coup d'œil fortement bigarré que l'artiste aura exagéré encore pour offrir des modèles de chaque espèce.

Les quatre petits tambours qui se font la main à l'extrême droite suffiraient à montrer que le commandement ne s'est pas fait encore entendre. Ce sont des enfants dont le plus âgé n'a pas atteint sa seizième année. Derrière eux, le tambour-major charme son attente par quelques moulinets de fantaisie.

Les officiers, sac au dos, ont une ample capote grise ou brune sur laquelle tranche seul le hausse-col, insigne du commandement.

Les soldats semblent tous appartenir soit aux bataillons des volontaires, soit aux *légions* rurales dont il est question dans notre supplément. On remarque, en effet, en seconde ligne, des bonnets fourrés, des chapeaux de paysans; on voit se dresser une des piques qui figuraient encore dans l'armement de ces non combattants. L'un d'eux, sapeur primitif, tient la hache sur l'épaule et la pipe à la bouche. Son voisin porte un pantalon à la turque, et parait vouloir dissimuler sous une couverture blanche les désastres de son uniforme. Tous n'ont pu dissimuler ainsi leurs tenues en lambeaux. Beaucoup de chaussures sont avariées: un jeune guerrier a les pieds complètement nus.

En revanche, ce qui ne manque nulle part, c'est la cuiller; chacun porte à la boutonnière, au chapeau ou au bonnet ce précieux ustensile. Quelques bidons et marmites se remarquent aussi çà et là; les pains sont troués pour le passage d'une corde, qui les retient au coté, à moins qu'ils ne soient passés à la baïonnette. Un quartier de viande est même ainsi exhibé à côté du porteur de pique. Il est à remarquer qu'il n'y a pas ici un seul des panaches qui abondent dans nos planches précédentes. Mais nous sommes en 1795 et les Français qui viennent d'entrer à Mannheim ont fait une campagne fort rude. Leurs habits bleus ne sont pas seulement *usés par la victoire*, ils sont surtout troués et déchirés par les marches et les bivouacs des nuits d'hiver. De là ce coup d'œil étrange, qui dépasse encore, il faut bien l'avouer, tout ce qu'on pouvait supposer de l'aspect des troupes républicaines. Mais la pauvreté de leur aspect ne peut que grandir encore le souvenir de leur courage et de leur patriotisme.

(Voir la planche XX au feuillet suivant.)

XX

Voir pour la description les deux pages précédentes.

Wahre Abbildung einer Französischen Wacht Parade zu Mannheim Anno 1795 im Monat October
x x

Wahre Abbildung einer Französischen Wacht Parade zu Mannheim Anno 1795 im Monat October
x x

www.ingramcontent.com/pod-product-compliance
Ingram Content Group UK Ltd.
Pitfield, Milton Keynes, MK11 3LW, UK
UKHW020202250726
13967UKWH00003B/1222

9 782012 890022